SCHÜLER-LERNKRIMI
DEUTSCH GRAMMATIK

Das Präsent aus Panama

Story: Anemone Fesl
Übungen: Mathias Hill

Compact Verlag

Bisher sind in dieser Reihe erschienen:

- Compact Schüler-Lernkrimi Englisch
- Compact Schüler-Lernkrimi Französisch
- Compact Schüler-Lernkrimi Latein
- Compact Schüler-Lernkrimi Deutsch: Grammatik
- Compact Schüler-Lernkrimi Mathematik

In der Reihe Lernkrimi sind erschienen:

- Compact Lernkrimi Englisch:
  Grundwortschatz, Aufbauwortschatz, Grammatik, Konversation
- Compact Lernkrimi Englisch GB/US: Grammatik, Konversation
- Compact Lernkrimi Business English: Wortschatz, Konversation
- Compact Lernkrimi Französisch: Grundwortschatz, Grammatik
- Compact Lernkrimi Italienisch: Grundwortschatz, Grammatik
- Compact Lernkrimi Spanisch: Grundwortschatz, Grammatik
- Compact Lernkrimi Deutsch: Grundwortschatz, Grammatik

In der Reihe Lernthriller sind erschienen:

- Compact Lernthriller Englisch:
  Grundwortschatz, Aufbauwortschatz, Grammatik, Konversation

In der Reihe Lernstory Mystery sind erschienen:

- Compact Lernstory Mystery Englisch:
  Grundwortschatz, Aufbauwortschatz

Weitere Titel sind in Vorbereitung.

Chefredaktion: Evelyn Boos
Redaktion: Iris Glahn
Fachredaktion: Dr. Ingrid Schleicher
Produktion: Wolfram Friedrich
Illustrationen: Sonja Heller
Titelillustration: Karl Knospe
Typographischer Entwurf: Maria Seidel
Umschlaggestaltung: Inga Koch

ISBN 3-8174-7455-5
7274551

Besuchen Sie uns im Internet: www.compactverlag.de

Vorwort

Mit dem neuen, spannenden Compact Schüler-Lernkrimi kannst du deine Grammatikkenntnisse auf schnelle und einfache Weise vertiefen, auffrischen und überprüfen.

Die pfiffigen Freunde Lucie, Max und Tom erleichtern das Training der deutschen Grammatik mit Action und Humor. Die drei und ihre Verfolgung einer Schmugglerbande stehen im Mittelpunkt einer zusammenhängenden Story.
Der Krimi wird auf jeder Seite durch abwechslungsreiche und kurzweilige Übungen ergänzt, die das Lernen unterhaltsam und spannend machen.
Prüfe deine Grammatik in Lückentexten, Zuordnungsaufgaben, Buchstabenspielen und Kreuzworträtseln!
Dieses Training der deutschen Grammatik im handlichen Format bietet mit über 70 Übungen die ideale Trainingsmöglichkeit für zwischendurch.
Schreibe die Lösungen einfach ins Buch!
Die richtigen Antworten sind in einem eigenen Lösungsteil zusammengefasst.

Und nun kann die Spannung beginnen …

Viel Spaß und Erfolg

Inhalt

Story

Lucie ist zwölf Jahre alt und ein äußerst aufgewecktes Mädchen. Mit ihren besten Freunden, den Zwillingen Max und Tom, stromert sie am liebsten im Stadtpark oder Freibad herum – immer auf der Suche nach neuen geheimnisvollen Rätseln.

Als Lucie mit ihren Eltern von einer Reise aus Panama zurückkehrt, sieht es zunächst so aus, als würde auf sie, Max und Tom ein langer, heißer und etwas langweiliger Sommer zukommen. Doch auf einmal passieren merkwürdige Dinge: Ihr Klassenkamerad Jonas scheint etwas Geheimnisvolles vor ihnen zu verstecken. Und auch Carlos aus der Zoohandlung benimmt sich plötzlich sonderbar. Spätestens als bei Lucie eingebrochen wird, ist der Spürsinn der drei Freunde geweckt und sie lassen sich zu riskanten Recherchen hinreißen. Doch wird es den dreien gelingen, Jonas und Carlos auf ihre Seite zu ziehen und die mysteriösen Verbrechen aufzuklären?

Das Präsent aus Panama

Tom und Max schauten schon seit dem Frühstück abwechselnd vom Balkon aus hinunter auf die Straße. Lucie musste doch endlich ankommen!
„Da“, schrie Max, der gerade Wache hielt, „ein Taxi!“
Tom stürzte sofort zu seinem Bruder.
„Ach, doch nicht!“, sagte Max und Tom knuffte ihn in die Seite. Beide beugten sich über das Geländer und ließen gelangweilt den Blick über die Häuser ihrer Nachbarschaft streifen.
Natürlich hätten die beiden es nie zugegeben – schließlich war Lucie nur ein Mädchen – aber besonders die letzte Woche war ihnen furchtbar lang vorgekommen. Zwar hatten sie wie sonst Fußball gespielt, waren im Freibad schwimmen gewesen, hatten Eis gegessen und Fahrradtouren unternommen, aber selbst das Zelten mit ihrem Vater am Wochenende hätte mit Lucie zusammen sicher mehr Spaß gemacht.

Übung 1: Steigere die Adjektive im folgenden Abschnitt!

	Positiv	Komparativ	Superlativ
1.	______________	______________	______________
2.	______________	______________	______________
3.	______________	______________	______________
4.	______________	______________	______________
5.	______________	______________	______________

6. ______________ ______________ ______________

7. ______________ ______________ ______________

„Was für lausige Sommerferien!“, sagte Tom ungnädig und gähnte.
„Aber immerhin Sommerferien!“ antwortete Max und gähnte ebenfalls.
„Musst du mir immer alles nachmachen?“, fragte Tom und starrte gereizt auf seinen Bruder.
„Ich dir alles nachmachen? Du kleiner Lauser, das soll wohl ein Witz sein?“ Max zog seine Augenbrauen zusammen. „Wer ist denn der Ältere von uns beiden, he?“
„Die drei Minuten machen dich mächtig stolz, was?“ Tom lehnte sich wieder über das Geländer. Ihm war so langweilig, dass er noch nicht einmal Lust hatte, sich mit seinem Bruder zu streiten. Und das sollte was heißen!

ÜBUNG 2 !

Übung 2: In welchem Kasus stehen die unterstrichenen Satzglieder im folgenden Abschnitt?

1. ____

2. ____

3. ____

4. ____

5. ____

6. ____

7. ____

8. ____

Als Zwillingen bot sich ihnen eigentlich ständig ein Anlass zu einer Auseinandersetzung: Sie gingen in die gleiche Klasse, in den gleichen Fußballverein, teilten sich ein Zimmer, waren beide eng mit Lucie befreundet und sahen sich zu allem Überfluss auch noch schrecklich ähnlich. Aber außer diesen kleinen Oberflächlichkeiten, wie die beiden das nannten, hatten sie gar nichts, aber auch wirklich gar nichts gemeinsam!
„Sollen wir eine Runde Karten spielen?“, fragte Max versöhnlich und blinzelte in die Sonne.
Tom antwortete nicht. Er sah hinunter auf Herrn Linden, der mit einem Lederlappen liebevoll sein neues Auto polierte.
„Noch fünf Jahre und 217 Tage!“, sagte er schließlich leise.
„Was?“, fragte Max verwirrt.
„In fünf Jahren und 217 Tagen dürfen wir endlich Auto fahren!“, sagte Tom und lächelte stolz über seine Rechenkünste.

Übung 3: Bilde das Partizip Perfekt zu den unterstrichenen Verben im folgenden Abschnitt! Markiere außerdem in der rechten Spalte die starken Verben mit einem Kreuz!

Partizip Perfekt	Starkes Verb
1. ____________________	____________________
2. ____________________	____________________

3. ______________________ ______________________

4. ______________________ ______________________

5. ______________________ ______________________

6. ______________________ ______________________

7. ______________________ ______________________

8. ______________________ ______________________

9. ______________________ ______________________

„Noch so lange?“ Max stöhnte enttäuscht. „Wenn jeder Tag so lange dauert wie dieser hier, dann bedeutet das ja noch eine halbe Ewigkeit!“

„Da hast du leider Recht“, sagte Tom und wandte sich vom Geländer ab. „Lass uns Karten spielen.“

Gerade wollten sie das Wohnzimmer betreten, da hörten sie eine Stimme rufen.

„Hallo Max, hallo Tom! Das nenne ich mal eine nette Begrüßung! Kaum bin ich Zuhause, da lauft ihr auch schon davon!“

„Lucie!“, riefen Tom und Max und stürzten wieder auf den Balkon. „Na endlich! Wir dachten schon, du kommst überhaupt nicht mehr wieder!“

Übung 4: Schreibe alle Partizipien aus dem folgenden Abschnitt heraus und kreuze an, ob es sich um Partizip Präsens oder Partizip Perfekt handelt!

	Partizip Präsens	Partizip Perfekt
1. ______________	______________	______________
2. ______________	______________	______________
3. ______________	______________	______________
4. ______________	______________	______________
5. ______________	______________	______________
6. ______________	______________	______________
7. ______________	______________	______________
8. ______________	______________	______________
9. ______________	______________	______________

Lucie lachte und sah unter ihrem Strohhut zu ihnen empor. Tom und Max hatten sie noch nie so braun gebrannt gesehen. Ihre Haare waren in den drei Wochen noch blonder geworden als sie ohnehin schon waren und ihre Augen leuchteten noch heller und fröhlicher als sonst in ihrem freundlichen Gesicht. Max und Tom fanden, dass sie einfach atemberaubend aussah.

„Seht mal!“, rief Lucie zu ihnen hinauf. „Ich habe mich vor ein paar Tagen beim Schnorcheln an einem Stein geschnitten!“

Sie drehte sich zur Seite und deutete stolz auf eine tiefe Wunde, die sich von ihrem Fußknöchel bis unters Knie zog.

„Mama meinte, ich hätte genäht werden müssen, aber Papa sagte, dass es auch so heilen würde. Das gibt bestimmt eine riesige Narbe.“ Lucie zuckte die Schultern. „Ist auch egal, ich wollte sowieso kein Model werden.“

„Wahnsinn!“, rief Max, „das hat bestimmt geblutet wie verrückt!“

„Das kannst du glauben!“, bestätigte Lucie begeistert.

„Was seid ihr denn für Kavaliere?“ Herr Blau, der Vater von Lucie, zeigte auf die vielen Koffer und Taschen, die der Taxifahrer neben Lucie aufgetürmt hatte. „Wollt ihr einem schönen Fräulein und ihrem alten Herrn nicht beim Hochtragen helfen?“

„Wir kommen runter!“, brüllten Tom und Max, rannten zur Haustür und hätten in ihrer Begeisterung beinahe Frau Blau umgelaufen, die ihnen auf der Treppe entgegen kam.

„Den nehme ich!“, sagte Tom und riss ihr den Koffer aus der Hand. „Es soll doch keiner behaupten, die Gebrüder Jansen hätten keine Manieren!“

„Sehr erfreulich!“, sagte Frau Blau und schloss lächelnd die Tür auf. „Was haben wir doch für nette Nachbarn!“

Tom schleppte das Gepäck in die Wohnung, während Max die wenigen Treppen hinunter zur Straße mit ein paar Sprüngen nahm. Endlich ist wieder Leben in der Bude, dachte er zufrieden.

Nachdem sich der Willkommenstrubel gelegt hatte, verschwanden die drei Freunde in Lucies Zimmer. Tom saß auf Lucies Bett und zog die Knie unter sein Kinn. Max hatte die Beine über die Lehne des kleinen Sofas gelegt, während Lucie vor ihrem Koffer hockte und in dessen Tiefen herumwühlte.

ÜBUNG 5 !

Übung 5: Setze die direkte Rede des folgenden Absatzes in die indirekte Rede!

Tom fragte Lucie, ______________________________

____

„Ja und, wie war denn nun der Urlaub?", fragte Tom.
„Och", sagte Lucie und legte einen Stapel T-Shirts neben sich, „der Urlaub war ganz nett. Mein Vater hatte leider nicht viel Zeit. Wie immer …" Lucie verzog das Gesicht. „Er war dauernd auf diesem Kongress, ihr versteht schon. Arbeiten, arbeiten, arbeiten."
„Ich glaube, ich war noch nie so weit weg wie du", meinte Max verträumt. „Panama … das hört sich nach großer, weiter Welt an."
„Na ja, so groß ist Panama nun wirklich nicht", sagte Lucie.

„Aber du hast Recht", erzählte Lucie weiter „es ist verdammt weit weg. Mama sagt, sie fände Panama schauderhaft." Lucie schüttelte missbilligend den Kopf. „Sie meinte, das schwüle Wetter und dieser ständige Regen würden ihre Kopfschmerzen verschlimmern. Seltsam. Trotzdem sind wir unter all den Wolken

doch noch braun geworden." Lucie lachte. „Außerdem hat sich Mama dauernd gegruselt vor den vielen seltsamen Tieren. Vor allem die Kakerlaken fand sie absolut ekelhaft. Die waren tatsächlich überall! Einmal haben wir uns ins Bett gelegt und unter der Decke ist dann eine über unsere Beine gelaufen. Wir haben geschrieen wie am Spieß. Das war wie Geisterbahn und Kettenkarussell fahren gleichzeitig. Irgendwie unheimlich, aber auch sehr lustig."

! ÜBUNG 6

*Übung 6: Setze im folgenden Absatz die richtigen Präpositionen ein! **(von, her, ins, an, in, hin, nach)***

Sie schwieg eine Weile andächtig in Erinnerung 1.___ dieses großartige Erlebnis und wühlte weiter 2.___ ihrem Koffer.
„Hier!", sagte Lucie schließlich zufrieden und zog zwei zerknautschte Strohhüte hervor. „Die habe ich euch mitgebracht."

Tom und Max nahmen ihre Hüte und drehten sie langsam in ihren Händen 3.___ und 4.____.

„Die sollen wir ernsthaft anziehen?", fragte Tom 5._____ einer kurzen Pause.

„Aber natürlich!", sagte Lucie beschwingt. „Was meint ihr, wie bescheuert wir aussehen werden, wenn wir alle drei diese Hüte aufhaben und damit 6. ___ Freibad gehen."

Max und Tom sahen sich kurz an.

„Du hast eine recht seltsame Art 7.___ Humor", meinte Max und zog die Augenbrauen hoch. „Im Ernst, Lucie."

Übung 7: Setze die unterstrichenen Substantive mit dem bestimmten Artikel in den Nominativ und in den Genitiv der Singularform!

Nominativ	Genitiv
1. ____________	____________
2. ____________	____________
3. ____________	____________
4. ____________	____________
5. ____________	____________
6. ____________	____________
7. ____________	____________
8. ____________	____________

9. ______________________ ______________________

10. ______________________ ______________________

11. ______________________ ______________________

„Ach was, ihr habt doch keine Ahnung“, Lucie machte eine verächtliche Handbewegung und wandte sich wieder ihrem Koffer zu. „Und seht, was ich hier habe!“ Sie zeigte den beiden Jungen eine große Tüte mit Muscheln.
„Wahnsinn, die sind ja riesig!“
Max und Tom legten ihre Hüte beiseite und ließen sich neben Lucie nieder. Lucie schüttete den Inhalt der Tüte auf den Boden und alle drei bestaunten schweigend den großen Haufen.
„Was man damit alles anfangen kann …“ Tom flüsterte fast.
„Und das hier“, sagte Lucie geheimnisvoll und zog eine winzige Dose aus ihrer Tasche, „das hier ist das Allerbeste!“
In der Dose lag auf Watte gebettet ein kleiner spitzer Zahn, den Lucie nun ehrfürchtig auf ihren Handteller legte.
„Den habe ich am Strand gefunden“, sagte sie.

ÜBUNG 8 !

Übung 8: Unterstreiche im folgenden Abschnitt alle Possessivpronomen!

Tom und Max beugten sich tief über ihre ausgestreckte Hand.
„Der ist bestimmt von einem großen Fisch!“, vermutete Max.
„Sieht eher aus wie der Milchzahn eines jungen Hundes.“ Tom drehte den Zahn zweifelnd in Lucies Hand hin und her.
„Von einem Hund?“, fragte Lucie verärgert und schloss die Faust um ihren Fund. „Du hast wirklich keinen Sinn für die großartigen

Dinge im Leben, mein Lieber. Das ist der Zahn eines Haifisches, nicht mehr und nicht weniger."

„Wenn du meinst …" Tom lächelte überlegen.

Lucie verdrehte die Augen.

„Ein Ungläubiger!", murmelte sie und legte den Zahn wieder vorsichtig in das Döschen.

„Wir könnten Carlos fragen, von welchem Tier der Zahn stammt", schlug Max vor.

„Gute Idee!" Lucie nickte begeistert.

Wenn jemand die Herkunft eines spitzen weißen Zahns ergründen konnte, dann war das Carlos. Ihm gehörte der große Zooladen in ihrem Stadtviertel und er war in der ganzen Nachbarschaft bekannt. In seinem Geschäft wimmelte es jeden Tag von Kindern. Carlos konnte die spannendsten Geschichten erzählen. Er war schon überall in der Welt gewesen, hatte auf Farmen in Afrika und Südamerika gearbeitet und alle möglichen Abenteuer mit wilden Tieren erlebt. Neben seinem Zooladen führte er außerdem gemeinsam mit seinem Bruder ein kleines Reisebüro, über das auch Lucies Eltern ihren Urlaub gebucht hatten.

„Da fällt mir was ein!" Lucie schlug sich mit der flachen Hand an ihren Kopf. „Ich sollte Carlos doch etwas mitbringen!"

Sie beugte sich wieder über ihren Koffer und wickelte aus einem ihrer T-Shirts eine kleine braune Kiste, die von mehreren dicken Schnüren zusammengehalten wurde.

Übung 9: Bestimme das Tempus der im folgenden Abschnitt unterstrichenen Sätze!

ÜBUNG 9 !

1.____

2.____

3. ______________________________

4. ______________________________

5. ______________________________

6. ______________________________

„Zeig mal her!“ Tom nahm die Kiste interessiert in Augenschein.
„Du kannst sie doch nicht einfach öffnen!“ (1), rief Lucie vorwurfsvoll, als er vorsichtig an den Schnüren zupfte.
„Aber seltsam ist es schon.“ Max ließ sich neben Tom nieder. Auch er betrachtete nun neugierig den kleinen Kasten.
„Was ist seltsam?“, fragte Lucie. Sie nahm Tom das Kästchen wieder ab und legte schützend die Arme darüber. (2)
„Na ja“, sagte Tom. „So was Ähnliches sollten wir Carlos auch aus unserem letzten Urlaub mitbringen. Aus Marokko, weißt du noch, Max?“
„Sicher!“ Max wandte sich an Lucie. „Von wem hast du denn das Kistchen?“
„Ach, das hat mir ein Mitarbeiter des Hotels gegeben. (3) Ich glaube, der Tauchlehrer.“
„Und was hat er gesagt?“ (4)
„Nichts weiter. Dass es ein Geschenk ist für seinen alten Freund Carlos.“
„Genau das hat unser Reiseleiter uns auch erzählt“, rief Max. „Findest du das nicht verdächtig?“ (5)
„Eigentlich nicht.“ Lucie schüttelte den Kopf.
„Interessieren würde es mich schon, was Carlos sich da immer aus aller Welt anliefern lässt!“ Tom sah verschwörerisch zu seinem Bruder hinüber. (6)

Übung 10: Finde im folgenden Abschnitt zehn Fehler und unterstreiche sie!

„Er lässt sich nichts anliefern!“, rief Lucie empört. Sie mochte Carlos sehr gerne. Was sollte er sich denn „anliefern“ lassen? „Das ist ein Geschenk, keine Lieferung!“

„Mag sein, mag sein!“ Tom wiegte bedächtig den Kopf. „Trotzdem würde ich gerne einen kleinen Blick wagen.“

Lucie starrte ihn böse an und schloss die Arme noch fester um das Mitpringsel.

„Komm schon, Lucie!“, bettelte Max. „Wir können doch danach die Schnüre wieder um das Kästschen binden und keiner merkt was!“

Lucie zögerte. Doch dann siegte ihre ehrlichkeit.

„Nein, nein. Wir gehen gemeinsam zu Carlos und fragen ihn selbst. Er wird uns schon alles erklären können.“

Sie stellte das Kistchen ins Regal und sammelte ihre Muscheln ein. Tom und Max seufzen. Manchmal merkte man eben doch, das Lucie ein Mädchen war. Sie hatte wirklich keine Ahnung von Retseln und Geheimnissen.

„Da ist wirklich nichts weiter dabei“, sagte Lucie energisch, als sie bemerkte, dass Tom und Max weiterhin begehrliche Blicke auf das Kistchen warfen. „Carlos kennt Menschen auf der Ganzen Welt. Überall hat er Freunde. Warum sollten die ihm nicht ein Geschenk machen, wo er sie doch so selten sieht? Er kann schliesslich nicht mehr viel reisen. Er ist alt, glaube ich. Mindestens über vierzig. Und außerdem hat er doch seinen Laden und das Reisebüro.“

Tom und Max antworteten nicht.

„In Ordnung“, sagte Lucie ungeduldig und standauf. „Wir gehen jetzt sofort zu Carlos und bringen ihm das Kästchen. Auspaken kann ich auch später noch. Ihr werdet ja sehen! Carlos hat keine Geheimnisse!“

Übung 11: Setze die folgenden Adverbien richtig ein! ***(mehr, endlich, nicht, nicht, erst, gar, gar, gar, gar, hinaus, sofort)***

Tom und Max waren 1.________ aufgesprungen und griffen gleichzeitig nach der verschnürten Schatulle.
„Und den Haifischzahn nehmen wir bei dieser Gelegenheit auch mit“, sagte Lucie.
Tom und Max hörten sie 2._________ nicht 3._______. Mit detektivischem Eifer waren sie schon aus der Tür 4._________ gestürmt.
Auf dem Weg zu der Tierhandlung überlegten Tom und Max, wie sie Carlos am besten zur Rede stellen könnten.
„Wir müssen ihn überraschen“, sagte Max. „Er darf 5._______ 6._____ 7._______ Zeit haben, sich eine Ausrede auszudenken.“
„Und wir müssen genau auf seinen Gesichtsausdruck achten“, meinte Tom. „Der verrät mehr als tausend Worte.“
Lucie sagte 8._______ nichts. Sie ging schweigend hinter den beiden Jungen her und kickte verdrießlich ein paar Steine aus dem Weg.
„Was ist los?“, fragte Max 9.__________.
„Nur weil euch langweilig ist, könnt ihr doch nicht einfach irgendwelche Leute irgendwelcher Verbrechen verdächtigen!“ Lucie blieb stehen. „Was soll eurer Meinung nach eigentlich in der Kiste sein?“
„Keine Ahnung!“, sagte Max verblüfft. So weit hatte er noch 10.__________ 11.___________ gedacht!

„Vielleicht Schmuggelware!“, überlegte Tom. „Drogen oder Schmuck oder so.“
„Drogen!“ Lucie prustete verächtlich. „Was denn für Drogen?“
„Was weiß ich!“, sagte Tom und zog sie am Arm. „Wenn du noch ewig hier herumstehst, werden wir es nie erfahren!“

Sie bogen um die Ecke auf den kleinen Platz, an dem die Geschäfte des Stadtviertels lagen. Es war zwar erst Vormittag, doch schon jetzt war es sehr heiß. Die Läden lagen verschlafen in der Sonne. Niemand hatte Lust, in der Hitze einzukaufen, und so wirkte der Platz verlassen und ausgestorben wie an einem Sonntag.
Erst gingen sie an dem Metzger vorbei, dann an dem kleinen Supermarkt, über dessen Preise ihre Mütter fast täglich schimpften, um dann doch dort einzukaufen. Lucie winkte über den Platz zu Carlos hinüber, der vor seinem Geschäft auf einem Stuhl in der Sonne saß und Zeitung las. Als er die drei kommen sah, winkte er vergnügt zurück.

Übung 12: Übertrage die folgenden Sätze ins Futur!

1. Sie bogen um die Ecke auf den kleinen Platz, an dem die Geschäfte des Stadtviertels lagen.

2. Die Läden lagen verschlafen in der Sonne.

3. Die Herren sind froh, wieder die Dame ihres Herzens in ihren Reihen begrüßen zu dürfen.

4. Carlos winkte kurz seinem Bruder zu.

____

____

5. Wir hatten alles im Griff.

____

____

6. Die Fische hatten sich eben immer so gefreut, wenn sie mit der Futterdose an die Scheibe geklopft hatten.

____

____

„Und, junge Frau“, fragte er Lucie, als sie vor ihm standen, „wie hat Ihnen die Reise gefallen?“

„Ganz vorzüglich“, antwortete Lucie majestätisch, „das Essen war exorbitant und die Gegend reizvoll.“

„Das freut mich zu hören!“, Carlos nickte zufrieden, dann wandte er sich an Tom und Max. „Und die Herren sind froh, wieder die Dame ihres Herzens in ihren Reihen begrüßen zu dürfen, schätze ich mal.“

„Lucie war auch lange genug weg“, sagte Max und Tom nickte.

„Ja, unsere Reisen sind so billig, dass man eine ganze Weile verschwinden kann, ohne dass die Haushaltskasse leer ist“, prahlte Carlos und winkte kurz seinem Bruder zu, der ein paar Häuser weiter aus dem kleinen Reisebüro getreten war und sich in der Sonne streckte.

„Aber womit kann ich euch dienen?“, fragte Carlos. Er wandte sich zu Lucie. „Deiner Katze geht es doch hoffentlich gut? Haben Max und Tom sie denn auch brav gefüttert? Und die Fische?“
„Wir hatten alles im Griff“, sagten Max und Tom sofort.
„Na ja“, Lucie räusperte sich, „den einen oder anderen Fisch hat es beinahe das Leben gekostet. Sie waren so überfüttert, dass sich ihre Bäuche schon nach oben drehten.“
Sie lachte, während Tom und Max schuldbewusst auf ihre Füße starrten. Die Fische hatten sich eben immer so gefreut, wenn sie mit der Futterdose an die Scheibe geklopft hatten …
„Aber wegen der Fische sind wir gar nicht hier“, fuhr Lucie fort. „Ich habe dir etwas mitgebracht. Schau her …“, sie warf Tom, der das Kästchen hinter seinem Rücken versteckt hatte, auffordernde Blicke zu.

Übung 13: Unterstreiche alle Akkusativ-Formen im folgenden Abschnitt!

! ÜBUNG 13

„Ja, genau“, stammelte Tom, von der Situation plötzlich überrumpelt, „dieses Kästchen …“
„Ah, von meinem guten Freund, nicht wahr?“, sagte Carlos und nahm Tom das Kästchen aus der Hand. „Er rief mich an und sagte, er hätte etwas für mich. Danke schön.“
Er klemmte sich die Schatulle unter den Arm und machte eine kleine Verbeugung.
„Kann ich euch noch etwas anbieten? Tee? Saft?“
„Also ehrlich gesagt …“, sagte Max schüchtern, „wir hätten gerne gewusst …“
„Max uns Tom sterben vor Neugierde“, unterbrach ihn Lucie. „Sie wollen unbedingt wissen, was du da in der Kiste hast.“
Die Zwillinge warfen ihr böse Blicke zu.

„Ja, was denn? Stimmt doch, oder? Das wollt ihr doch gerne wissen?“ Lucie stemmte die Hände in ihre Seite und sah plötzlich sehr kampflustig aus.
„Ja, schon“, sagte Tom und sah wieder zu Boden. Warum musste Lucie denn immer so direkt sein!

„Tja“, sagte Carlos, „was soll schon drin sein in der Kiste? Irgendetwas Harmloses, vielleicht auch gar nichts …“
„Gar nichts?“, fragte Lucie erstaunt und zog die Nase kraus. „Aber wozu habe ich sie denn dann den ganzen weiten Weg mit mir herumgeschleppt?“
„Ich meine, gar nichts Besonderes“, verbesserte sich Carlos und schüttelte vorsichtig den Kasten. „Doch, irgendetwas wird schon drin sein …“
„Dürfen wir dabei sein, wenn du die Kiste öffnest?“, fragte Max. „Ach bitte, Carlos.“
„Wisst ihr, Kinder …“, sagte Carlos und zögerte. Dann zuckte er die Schultern.
„Na sicher“, sagte er schließlich, „kommt rein.“

ÜBUNG 14 !

Übung 14: Setze folgende Verben vom Aktiv ins Passiv!

1. schütteln ______________________________

2. verbessern ______________________________

3. sagen ______________________________

4. öffnen ______________________________

5. suchen ______________________________

6. hängen ______________________

7. schneiden ______________________

8. hören ______________________

9. drehen ______________________

Nach dem hellen Sonnenschein war es im Laden so dunkel, dass Lucie, Tom und Max erst einmal stehen blieben und mit den Augen blinzelten. Die Vögel zwitscherten und der schwarze Beo, der hier wohnte, seit Carlos den Laden geöffnet hatte, krächzte ihnen ein „Guten Morrrrgen, guten Tag“, entgegen.

„Hallo, Niko“, sagte Lucie unsicher und suchte in dem Dämmerlicht nach dem Vogel. Über ihnen krächzte es erneut: „Hallo, hallo, hallo …“

„Ach, da bist du!" Lucie sah Niko auf einem großen Ast sitzen, den Carlos unter die Decke gehängt hatte.
Dann drängten sie sich um die Ladentheke, auf die Carlos das Kästchen gestellt hatte. Umständlich schnitt er mit einem Messer die Schnüre auf und klappte dann vorsichtig den Deckel der Schatulle nach hinten.
„Kekse!", sagte Carlos laut und lachte. Max war sich sicher, eine Spur Erleichterung in seiner Stimme zu hören. Aber vielleicht bildete er sich das auch nur ein. Carlos drehte die Kiste zu den Kindern und sie blickten – etwas enttäuscht – auf das Gebäck.

ÜBUNG 15 !

*Übung 15: **das** oder **dass**? Trage das jeweils richtige Wort in die Lücken ein!*

„Die sehen aber langweilig aus", sagte Lucie.
„Wollt ihr mal probieren?", fragte Carlos und die drei nahmen sich je einen Keks aus der Kiste.
„Schmeckt wie ein ganz normaler Butterkeks", sagte Lucie.
„Wie ein ganz normaler alter Butterkeks", berichtigte Max. „Und vielleicht noch eine Spur staubiger."
Tom musste aus unerfindlichen Gründen so über diese Worte lachen, 1. _____ er Lucie eine Wolke trockener Krümel ins Gesicht blies.
„Sehr appetitlich, danke schön", sagte Lucie und wischte sich mit einer Hand über 2. _____ Gesicht. Aber sie grinste dabei.
„Und diese schrecklichen Dinger haben so einen langen Weg gemacht." Max sah mitleidig zu Carlos. „3. ____ ist aber ein doofes Geschenk."
„Schreckliche Dinger?", fragte Carlos empört. „Die schmecken doch ganz vorzüglich! Wie lieb von meinem Freund, 4. ____ er sich an meine Lieblingskekse erinnern konnte!"

Carlos griff sich erneut einen Keks und aß ihn mit einem Ausdruck grenzenloser Begeisterung.
„Wenn du meinst …" Lucie klang wenig überzeugt. Dann hellte sich ihr Gesicht auf.
„Du, Carlos", sagte sie aufgeregt, „kannst du dir vielleicht einmal diesen Zahn hier anschauen? Den habe ich am Strand gefunden. Vielleicht weißt du ja, von welchem Tier der stammen könnte."
„Ich habe heute eigentlich nicht sehr viel Zeit." Carlos schloss 5. _____ Kästchen vorsichtig.
„Ach, komm schon, Carlos, heute ist doch nichts los", sagte Lucie. „Schau doch mal, vielleicht ist er von einem Hai!"
Carlos seufzte. Dann beugte er sich über die kleine Dose und nahm den Zahn in die Hand. Mit einer Kennermiene hielt er ihn vorsichtig ins Licht.
„Ich glaube ja, 6. _____ er von einem Hund stammt", sagte Tom mit wichtiger Miene.
„Ach, sei doch still!" Lucie schubste Tom beiseite und drängte sich hinter die Ladentheke zu Carlos.
„Ehrlich gesagt, Lucie", sagte Carlos und legte den Zahn wieder in die kleine Dose, „ich habe keine blasse Ahnung. Aber von einem Hai … nein, 7. _____ glaube ich nicht."
Als er jedoch in Lucies enttäuschtes Gesicht blickte, sagte er schnell: „Oder auch doch, wer weiß 8. _____ schon …"
„Ja eben", sagte sie mit einem bösen Blick zu Tom, „wer weiß 9. _____ schon!"
„Hast du denn einmal einen wildlebenden Hai gesehen?", fragte Max.
„Ja sicher", antwortete Carlos. „Das war bei einem Tauchausflug, eben mit diesem Freund, der mir 10. _____ Kästchen mitgegeben hat."

Übung 16: Setze die richtigen Artikel ein! ***(der, der, eine, eine, einen, den, den, den, dem, die, die, die, die, ein, ein, ein, ein, ein, ein, das, das)***

Er warf 1. _____ kurzen Blick auf 2. ____ Schatulle. Lucie, Tom und Max blickten Carlos gespannt an. Sicher kam jetzt 3. _____ aufregende Geschichte! Doch Carlos schien heute nicht recht zum Erzählen aufgelegt zu sein.

„Davon 4. _____ anderes Mal", meinte er kurz. „Wie steht es: Wollt ihr zur Feier 5. ____ Rückkehr von Lucie 6. ____ Eis essen gehen? Ich lade euch ein."

„Danke!", riefen Lucie, Tom und Max überrascht.

Carlos wühlte in seiner Jackentasche. Als er 7. _____ paar Euro hervorholte, klebte 8. _____ wenig Fischfutter an seiner Hand. Lucie lachte und Carlos schüttelte 9. _____ Kopf.

„Wo dieses Zeug überall herumfliegt! Meine Frau wird mich schimpfen bei 10. _____ nächsten Wäsche."

Er begleitete Lucie, Tom und Max an 11. _____ Tür und sah ihnen zu, wie sie gemächlich über 12. _____ Platz zur kleinen Eisdiele gegenüber gingen.

„Ganz gewöhnliche Kekse", sagte Max. „Ich hatte mir 13. _____ Essen in Panama irgendwie exotischer vorgestellt."

„Immerhin hat sich Carlos über 14. _____ Kekse gefreut", meinte Lucie. „Und höflich geteilt hat er sie noch dazu. Da seht ihr, Carlos ist 15. _____ netter Mensch."

„Ja doch!" Tom stöhnte. Lucie achtete nicht auf ihn.

„Aber trotzdem", sagte sie nachdenklich. „Ich hatte 16. _____ Gefühl, als wenn er uns mit dem Eis so schnell wie möglich wieder loshaben wollte. Oder nicht?"

Das wiederum war 17. _____ Jungen vollkommen egal. 18. _____ Eis vor 19. _____ Mittagessen konnte doch nun wirklich niemals schaden. Ob 20. _____ Einladung nun von Herzen kam oder 21. _____ kleine Bestechung darstellte, das hatte für sie keine tiefere Bedeutung.

Noch am Abend zog ein Gewitter auf und auch am nächsten Morgen war der Himmel noch wolkenverhangen. Es war so schwül, dass Lucie kaum einen Unterschied zum Klima in Panama bemerken konnte.
„Wenn es weiterhin so feucht bleibt, dann wird aus unserem Park noch ein richtiger Regenwald", sagte sie fachmännisch.
Sie saßen auf dem Balkon der Familie Blau, schauten auf den kleinen Grünstreifen gegenüber und beratschlagten, was sie mit dem regnerischen Tag anfangen sollten.
„Es ist an der Zeit, den Haifischzahn an einen sicheren Ort zu bringen", meinte Lucie schließlich würdevoll und erhob sich.
„Gute Idee!", stimmte Max zu.

Übung 17: Setze den folgenden Abschnitt ins Präsens!

Lucie, Tom und Max versteckten mit Begeisterung wertvolle und besondere Gegenstände in ihrer Umgebung. Dazu musste die Gegend gründlich ausgekundschaftet, ein Versteck gesucht und gefunden und dann eine Schatzkarte angelegt werden. Die Zeichnung wurde an den Ecken verkohlt und vor eine Flamme gehalten, bis das Papier aussah wie altes Pergament. Schätze verbuddeln, fanden die drei, machte einfach höllischen Spaß. Sie streiften durch den Park, strichen durch das Unterholz und untersuchten Bäume nach geeigneten Löchern und Ritzen. Doch für ihren Haifischzahn war Lucie keine Erdhöhle, kein Vogelnest und kein knorriges Wurzelwerk gut genug. Schließlich saßen sie erschöpft auf dem kleinen Turm des Spielplatzes und machten eine Pause.

Übung 18: Finde zehn Grammatikfehler im folgenden Abschnitt und unterstreiche sie!

„Duckt euch!“, flüsterte Lucie auf einmal, kniete sich unter den Ausguck und blinzelte zwischen dem Holzstäben hindurch auf den Weg.
Max und Tom ließen sich neben sie nieder.
„Was ist denn?“, zischte Tom.
„Da!“ Lucie zeigte auf einem Jungen, der langsam, ohne sie zu bemerken, in Richtung Spielplatz kam, ihres Versteckes vorbei ging und einen kleinen Pfad in das Innere des Parks einschlug.
„Das ist Jonas aus unserer Parallelklasse“, sagte Max gelangweilt und wollte wieder aufstehen.
„Warte!“ Lucie zog ihn an Arm wieder herunter zu sich.
Sie beobachteten, wie Jonas plötzlich stehen blieb und sich dann vor eine kleine Pfütze hockte.
„Was macht er da?“, fragte Tom.
„Wie sollen wir das wissen?“ Lucie klang genervt. „Er dreht uns schließlich dem Rücken zu.“
Jonas schien irgendetwas entdeckt zu haben. Er wippte aufgeregt auf seinen Sohlen und sah sich hektisch um, als suche er etwas. Er sprang auf, zupfte von einem Linde ein großes Blatt, sprang ein paar Meter weiter, hob ein weggeworfenes Zigarettenschachtel auf und beugte sich wieder über die Pfütze.
„Er scheint irgendetwas einzusammeln, was meint ihr?“ Tom hob vorsichtig seinem Kopf und schaute durch die Ausguck des Turmes, um Jonas besser sehen zu können.

„Vorsichtig!“, sagte Lucie leise. „Er soll uns nicht sehen!“
Sie warteten, bis Jonas sich erhob. Mit schnellen Schritten machte er sich wieder auf dem Rückweg.

„Hinterher!“, murmelte Lucie.
Ihr Jagdinstinkt war erwacht und sie ließen sich vorsichtig die Leiter hinab gleiten und verfolgten den Jungen.
Die Blauen Agenten sind wieder im Einsatz, dachte Max.
Die Blauen Agenten: So hatte sie einmal Vater Jansen genannt, als Tom, Max und Lucie ihn einmal aus einem Hinterhalt so erschreckt hatten, dass er eine ganze Kiste Limonade auf den Boden hatte fallen lassen. Das hatte ein riesiges Chaos aus Scherben und klebriger Flüssigkeit gegeben. Max hatte diese Bezeichnung nie vergessen. Blaue Agenten. Das gefiel ihm.
Sie hielten sich hinter einem Baum versteckt, als Jonas aus dem Park trat und die Straße zu dem kleinen Platz überquerte. Lucie nickte Tom und Max zu und sie rannten ebenfalls über die Straße, schlenderten arglos über den Platz und taten so, als wären sie ganz zufällig vorbei gekommen.

Übung 19: Finde das schwarze Schaf und begründe!

ÜBUNG 19 !

1. Die Blauen Agenten, Drei Engel für Charlie, James Bond, Spy Kids
2. Limonade, Marmelade, Cola, Milch
3. die Möbel, die Ferien, der Mut, die Eltern
4. die Hose, die Jacke, die Schuhe, die Weste
5. der Hund, der Löwe, der Hamster, die Katze

„Oh, hallo Jonas!“, flötete Lucie.
Jonas warf einen gehetzten Blick zu ihnen zurück.
„Hast du schöne Ferien?“, fragte Tom scheinheilig.
Schon waren sie bei ihm und umringten ihn.
„Was wollt ihr?“, fragte Jonas misstrauisch. Er hatte eine Hand in seiner Jacke und schaute von einem zum anderen.

„Nichts, nur einkaufen." Lucie lächelte. „Futter für meine Katze. Und da bist du uns über den Weg gelaufen. Ist das nicht ein wunderbarer Zufall?"

ÜBUNG 20 !

Übung 20: Finde im folgenden Abschnitt die fünf Konjunktionen, die Sätze verbinden. Unterscheide diese nach nebenordnenden und unterordnenden Konjunktionen!

1. ________________________________

2. ________________________________

3. ________________________________

4. ________________________________

5. ________________________________

„Carlos hat heute geschlossen wegen Umbauarbeiten", sagte Jonas. „Steht doch groß und breit an der Tür."
Sie blickten hinüber zu dem Zoogeschäft. Tatsächlich. An seiner Tür hing ein Schild.
„Seltsam", sagte Lucie. „Davon hatte er uns gestern gar nichts erzählt!"
Jonas zuckte die Schultern und machte Anstalten zu gehen.
„Warte, warte, warte!" Lucie schüttelte den Kopf. „Nicht so hastig, lieber Freund. Willst du nicht ein Eis essen? Uns ist so schrecklich langweilig. Vielleicht kannst du uns ein paar spannende Geschichten erzählen? Was du so in den Ferien erlebt hast und so."
„Tut mir leid, aber ich bin wirklich in Eile", sagte Jonas steif.
„Ist klar." Lucie nickte verständnisvoll.

Als er aus ihrem Blickfeld verschwunden war, rieb sie sich die Hände.
„Wir haben ihm eine echte Chance eingeräumt, uns sein Geheimnis zu erzählen. Ich denke, ihr seid meiner Ansicht, dass wir herausfinden müssen, was Jonas da vor uns versteckt hält. Das kommt mir doch alles recht eigenartig vor."
Tom und Max nickten.
„Ich rieche eine Missetat", sagte Tom.
„Ein Verbrechen höchster Ordnung", sagte Max.
„Wir müssen den Fall Jonas aufklären und weiteres Unheil verhindern", sagte Lucie. „Codename für das Unterfangen?"
„Die Blauen Agenten in der Mission: Pfützenwicht", rief Max wie aus der Pistole geschossen.
Lucie und Tom sahen ihn anerkennend an und nickten bedächtig.
„Blaue Agenten, Pfützenwicht, das ist gut!", meinte Lucie. „Unser Detektivclub ist hiermit gegründet. Diskret, zuverlässig und vor allem: geheim. Könnt ihr euch das merken?"
Sie besiegelten ihren Bund, indem sie ihre Fäuste aneinander schlugen. Dann musste ein ausgeklügelter Plan her. Und zwar sofort.

Am nächsten Tag lungerten sie vor dem Haus herum, in dem Jonas wohnte, und warteten. Die Adresse hatten sie aus dem Telefonbuch. Es gab nur einen Eintrag unter Bolko und die Anschrift war auch noch in ihrer Gegend. Es musste die richtige Familie sein! Jetzt saßen sie schon zwei Stunden vor dem Haus und hofften, dass Jonas sich zeigen würde. Sie hatten sich vorgenommen, hier so lange zu sitzen, bis ihr Plan aufgehen würde. Und wenn es Tage dauerte! Dass das Beschatten von verdächtigen Personen so furchtbar langweilig sein würde, hatten sie allerdings nicht mit eingeplant.

Übung 21: Unterstreiche die Subjekte der folgenden Sätze!

Trotzdem. Irgendwann musste Jonas doch herauskommen! Die Sonne strahlte wieder und das Wetter war wirklich nicht dazu geeignet, zu Hause herumzuhocken.
Lucie, Tom und Max saßen hinter dem Müllcontainer des gegenüberliegenden Hauses versteckt und spielten Karten. Immerhin an einen kleinen Zeitvertreib hatten sie also gedacht, als sie sich ans Beschatten machten. Da sie jedoch auch ständig die Bolko'sche Haustür im Auge behalten mussten, kam keine rechte Spielfreude auf.

„Ist ja ein Ding, dass dieser Jonas in einem so piekfeinen Haus wohnt", bemerkte Max.
Sie sahen hinüber zu der Villa.
„Stimmt." Tom nickte. „Richtig fett sieht er aus, der Kasten."
„Vielleicht sitzt Jonas auch im Garten und kommt den ganzen Tag nicht vor die Tür", überlegte Max.

„Und was soll er die ganze Zeit alleine im Garten treiben?“, fragte Lucie verwundert. Sie wäre nicht im Traum auf den Gedanken gekommen, dass man einen so wunderschönen Tag ohne Gesellschaft im Garten verbringen konnte.
„Quatsch!“, sagte sie mit bestimmter Stimme. „Der kommt schon noch raus heute.“
„Vielleicht ist er weg und irgendwo unterwegs“, warf Tom ein.
„Wir waren so früh da, nein, das glaube ich nicht“, meinte Lucie.
Sie wandten sich wieder ihren Karten zu und spielten gelangweilt.

Übung 22: Unterstreiche die Worte, die im folgenden Abschnitt eigentlich großgeschrieben werden müssten!

ÜBUNG 22 !

„ich bekomme hunger!“, maulte tom schließlich.
„ja. und mir ist langweilig!“, jammerte max.
„ich weiß nicht, wo euer problem ist“, sagte lucie missmutig. „das war immerhin euer plan!“
„es war toms plan“, berichtigte max.
„ja, sicher“, höhnte tom. „auf einmal. so stolz warst du auf deine blöde idee! beim frühstück hieß es die ganze zeit: ich bin ein genie, ich bin ein genie, aber freunde dürfen auch max zu mir sagen.“

Übung 23: Hups! Im folgenden Abschnitt ist die wörtliche Rede nicht gekennzeichnet. Unterstreiche sie und setze die Anführungszeichen!

ÜBUNG 23 !

Max wurde rot und stürzte sich auf seinen Bruder.
Im Grunde ist es aber doch eigentlich Lucies Idee gewesen, diesem Jonas aufzulauern, stellte Tom keuchend fest, während Max ihn im Schwitzkasten hatte.
Richtig, Bruder! Max ließ ihn los. Also: auf sie mit Gebrüll!

So ging es noch eine Weile hin und her, bis Tom auf einmal einen Finger auf den Mund legte. Sie verschwanden in einem Bruchteil einer Sekunde wieder hinter dem Container und schauten gebannt auf die Tür. Tatsächlich. Jonas trat aus dem Haus, wandte sich nach rechts und verschwand um die Ecke. Sie sahen sich aufgeregt an.
Ich weiß nicht, flüsterte Lucie. Ist das nicht eigentlich Hausfriedensbruch, was wir da vorhaben, oder so was in der Art?
Ach Quatsch. Tom schüttelte beruhigend den Kopf. Es muss schließlich noch jemand im Haus sein. Sonst klappt es doch sowieso nicht. Und wenn noch jemand im Haus ist, dann ist es auch kein Einbruch. Glaube ich jedenfalls.
Trotz seiner aufmunternden Worte schien er ganz erleichtert, dass das Los nicht auf ihn gefallen war.
Super!, murmelte Lucie. Haut schon ab!

Max und Tom rannten davon, um Jonas noch zu erwischen. Lucie dagegen ließ sich Zeit. Sie schaute auf ihre Uhr und ließ gute zwanzig Minuten verstreichen. Dann stand sie auf, klopfte das Gras von ihrem Rock, zupfte an ihrem T-Shirt und ging Richtung Tür. Das Herz klopfte ihr bis zum Hals und ihre Kehle fühlte sich furchtbar trocken an. Vielleicht sollte sie den Plan einfach verwerfen. Noch war Zeit. Zögernd stand sie vor der Tür, hob die Hand zum Klingelknopf, ließ sie wieder sinken, hob sie wieder und drückte schließlich energisch auf die Klingel.

ÜBUNG 24 !

Übung 24: Bestimme die unterstrichenen Satzglieder im folgenden Abschnitt genau!

1. Lucie ______________________________

2. der ______________________________

3. etwas Mut ______________________________

4. die Sache ______________________________

5. Frau Bolko ______________________________

6. den Ruf eines Eigenbrötlers und Strebers ______________

____

7. wir ______________________________

8. eine Verabredung ______________________________

9. dir ______________________________

10. Sie ______________________________

„Ja, bitte schön?“ Eine Frau öffnete die Tür und sah Lucie eindringlich an. Wie konnte so ein langweiliger Kerl wie Jonas eine so hübsche Mutter haben? Lucie errötete.
„Ich wollte zu Jonas“, sagte sie leise und sah beschämt zu Boden.
„Tut mir leid, der ist nicht da!“, antwortete Frau Bolko. „Und ehrlich gesagt weiß ich auch gar nicht, wo er hingegangen ist.“
„Komisch!“ Lucie schöpfte etwas Mut.
Nun war es auch egal. Sie hatte die Sache begonnen, jetzt musste sie sie auch zu Ende bringen.
„Eigentlich waren wir verabredet.“
Frau Bolko schaute ein wenig verwundert drein.
Sicherlich kommt es nicht jeden Tag vor, dass sich Jonas mit jemandem verabredet, dachte Lucie.

Sie kannte Jonas zwar nur flüchtig, doch er hatte den Ruf eines Eigenbrötlers und Strebers. Er war sicherlich nicht der beliebteste Schüler in ihrer Stufe.
„Ich bin eine Klassenkameradin von Jonas. Ich heiße, äh, Anna. Und wir waren um elf verabredet."
Sie schaute auf die Uhr.
„Dieser Jonas", sagte Frau Bolko und lächelte. „Er ist schon so zerstreut wie sein Vater."
„Kann ich vielleicht in seinem Zimmer auf ihn warten?", fragte Lucie höflich. „Er kommt sicher jeden Moment zurück. Wir haben schließlich eine Verabredung!"
„Ja, wenn dir das nichts ausmacht …" Frau Bolko überlegte kurz. Dann öffnete sie die Tür ganz und ließ Lucie eintreten.
„Ich werde dir Saft und Kekse bringen. Wir können uns aber leider nicht lange unterhalten, ich muss nämlich arbeiten." Sie nickte entschuldigend in Richtung eines kleinen Zimmers, das eine Art Büro zu sein schien.

„Aber das macht doch nichts! Und ich brauche auch gar nichts, wirklich nicht", sagte Lucie schnell, die gar nicht damit gerechnet hatte, bei ihrer Mission auch noch ein höfliches Gespräch führen zu müssen. Sie fühlte sich immer schlechter. Die arme Frau Bolko. Sie war sichtlich erfreut, dass ihr sonderbarer Sohn plötzlich doch Kontakt zu anderen Mitschülern zu haben schien.
Vielleicht sollten wir uns mit ihm anfreunden, dachte Lucie. Wer eine so nette Mutter hat, kann doch gar nicht so übel sein.
Sie ließ sich das Zimmer von Jonas zeigen, dann setzte sie sich aufs Bett und wartete. Ein paar Minuten später kam Frau Bolko mit einem Glas Orangensaft und ein paar Keksen herein. So furchtbar beschäftigt schien die Mutter von Jonas doch nicht zu sein, denn sie verwickelte Lucie in ein anstrengendes Gespräch

über ihren Sohn und das in seiner Klasse herrschende Klima. Außerdem war sie bestens über alle Eigenheiten und Sonderbarkeiten von Jonas' Klassenlehrer unterrichtet. Lucie hatte große Mühe zu verbergen, dass sie gar nicht in dieselbe Klasse ging wie Frau Bolkos Sohn. Sie war kurz davor, aufzugeben und sich zu verabschieden, als sich Frau Bolko plötzlich erhob und meinte, sie müsse nun wirklich wieder arbeiten.

„Jetzt hast du schon so lange gewartet“, sagte sie bedauernd. „Vielleicht lässt du ihm einfach eine Nachricht da?“

„Ach was, ich bleibe einfach noch ein bisschen. Das macht mir gar nichts aus“, antwortete Lucie und lächelte ihr sorglosestes Lächeln.

Als Frau Bolko endlich gegangen war, atmete sie erleichtert auf und betrachtete das herrschende Chaos um sich herum. Überall auf dem Boden und dem Bett lagen aufgeschlagene Bücher, zerknülltes Papier quoll aus dem Mülleimer und der Computer lief mit einem hohen, summenden Ton.

Langweilig kann ihm nicht sein, dachte Lucie und näherte sich dem Schreibtisch. Er scheint wahnsinnig wichtige Sachen zu erforschen.

Sie öffnete die Schublade und untersuchte vorsichtig den Inhalt. Doch außer ein paar Fotos konnte Lucie nichts Interessantes entdecken. Dann öffnete sie den Schrank. Auch hier befand sich nichts Außergewöhnliches.

Wenn ich wenigstens wüsste, wonach ich suche, dachte Lucie und setzte sich an den Schreibtisch. Vielleicht hatte er sein Geheimnis auch irgendwo anders versteckt und nicht unbedingt in seinem Zimmer. Vielleicht war es so wertvoll, dass er es schon in Sicherheit gebracht hatte, wie Lucie es mit ihrem Haifischzahn vorhatte. Sie knabberte ratlos an einem Keks. Dann fiel ihr Blick auf einen Text, den Jonas wohl aus dem Internet ausgedruckt hatte, denn die

Internetadresse stand oben auf dem Papier. Lucie nahm das Blatt in die Hand und las die Überschrift: *Herstellung eines Quarantänebeckens*.

Quarantänebecken? Was sollte denn das sein? Sie las weiter.

Die Herstellung eines Quarantänebeckens ist recht unkompliziert. Man nehme einen keimarmen, etwas angefeuchteten Schaumstoff als Bodengrund. Wenn nötig, sollte noch ein kleines Wasserbecken aufgestellt werden. Ein Stück Korkrinde mag als Versteck und Höhle völlig ausreichend sein.

Übung 25: Übertrage die folgenden Sätze von der Passiv- in die Aktivform bzw. von der Aktiv- in die Passivform!

1. Er scheint wahnsinnig wichtige Sachen zu erforschen.

____

____

2. Sie untersuchte vorsichtig den Inhalt der Schublade.

____

____

3. Dann öffnete sie den Schrank.

____

4. Vielleicht hatte er sein Geheimnis auch irgendwo anders versteckt.

____

____

5. Wenn nötig, sollte noch ein kleines Wasserbecken von ihm aufgestellt werden.

____

____

Hier endete der Text, aber die wenigen Zeilen reichten, um Lucie auf eine Spur zu bringen. Natürlich! Jonas hatte vor einer Pfütze gehockt. Wahrscheinlich hatte er ein Tier gefunden und mit nach Hause genommen. Und dieses Tier saß jetzt irgendwo in einem so genannten Quarantänebecken.
Lucie ließ den Blick durch den Raum schweifen. Sie sah hinter die Vorhänge. Nein. Kein Quarantänebecken. Was hatte Jonas nur mit dem armen Tier gemacht?
Wenn ich es finde, nehme ich es mit und setze es wieder aus, beschloss Lucie. Man kann doch nicht einfach irgendwelche frei lebenden Tiere mit nach Hause nehmen! Also wirklich, das ging zu weit! Quarantänebecken! Sie schnaubte wütend.

Übung 26: Finde und markiere die acht Fehler im folgenden Abschnitt!

Verbissen machte sie sich weiter auf die Suche. Aber weder unter dem Bett noch im Regal war kein Tier zu finden.
Seltsam, dachte Lucie. Irgendwo muss dieses Vieh doch sein!
Als es plötzlich klingelte, zuckte Lucie sosehr zusammen, dass sie gleichzeitig einen kleinen Hüpfer machte. Vorsichtig schlich sie zur Tür, öffnete sie einen Spalt breit und horchte.
„Habe wieder meinen Schlüssel vergessen!“, hörte sie Jonas Stimme im Hausflur.

Mist, dachte Lucie. So ein verdamter Mist!
Sie schlich auf den Flur und horchte nach unten. Sie mußte verschwinden und zwar schnell! Aber der Weg nach unten war versperrt. Sie musste sich irgendwo verstecken! Lucie sah gehetzt den langen Gang entlang. Dann rannte sie bis zum letzten Raum, sprang hinter die Türe und schloss sie leise hinter sich. Sie sah sich um. Das Badezimmer. Es schien ihr fürs erste ein sicherer Ort zu sein. Sie legte das Ohr an die Tür und lauschte. Auf der Treppe waren nun Schritte zu hören.
„Ja Besuch!“, sagte Frau Bolko ein wenig genervt. „So viel Besuch hast du nun auch wieder nicht, dass du es dir leisten kannst, eine Verabredung zu vergessen.“
„Ich war nicht verabredet!“, antwortete Jonas mürisch.
„Wirst du ja gleich sehen, ich habe ihr Saft und Kekse …“ Frau Bolko verstummte.

ÜBUNG 27 !

Übung 27: Bestimme die unterstrichenen Pronomen genau!

1. sie ________________________________

2. deiner ________________________________

3. meiner ________________________________

4. ihm ________________________________

5. es ________________________________

6. wir ________________________________

7. sich ________________________________

8. sich ________________________________

„Seltsam“, sagte sie verwundert. „Ich habe gar nicht mitbekommen, dass sie gegangen ist.“
„Sie?“, fragte Jonas.
„Na, diese Anna aus deiner Klasse.“
„Anna“, wiederholte Jonas. „Aus meiner Klasse.“
Lucie musste sich trotz ihrer Aufregung ein Lachen verkneifen. Jonas hörte sich so verwirrt an!
Das wird ihm eine Weile zu denken geben, dachte sie belustigt.
„Wirklich seltsam“, wiederholte Frau Bolko. „Sie hat gar nicht auf Wiedersehen gesagt. Dabei war sie ein so höfliches, nettes Mädchen.“
„Aber wer denn nur?“, fragte Jonas böse.
„Na, diese Anna!“, wiederholte Frau Bolko, ebenfalls gereizt. „Kein Wunder, dass sie nicht auf dich gewartet hat. Du kannst ein richtiger Stinkstiefel sein, weißt du das eigentlich?“
„Ich kenne keine Anna!“, sagte Jonas nachdrücklich. „Wie sah sie denn aus?“
Jonas Mutter beschrieb Lucie, so gut sie es konnte.
„Blond. Lange Haare“, wiederholte Jonas. „Blaugraue Augen. Recht groß. Sportlich.“
„Verstehe.“
„Aber heißt sie denn nicht Anna? Habe ich den Namen falsch in Erinnerung?“
„Nein, nein“, sagte Jonas bissig. „Sie heißt Anna. Habe nur ganz vergessen, dass wir eine Anna in der Klasse haben und ich mit der auch noch verabredet war.“
Lucie erschrak. Hatte er einen Verdacht? Sie sah sich verängstigt um. Sie wollte nur noch raus und nach Hause. Und das möglichst unbemerkt.
„Warte mal eben, Mama“, hörte Lucie Jonas sagen, dann vernahm sie Schritte, die den Gang entlang kamen. Jonas wollte doch nicht etwa …

Als sich die Tür zum Badezimmer öffnete, hatte sich Lucie gerade hinter dem großen Wäschekorb versteckt, presste sich an die Wand und hielt die Luft an.

Sie hörte, wie Jonas durch den Raum ging. Er seufzte erleichtert und murmelte etwas. Dann verschwand genauso schnell, wie er gekommen war.

Lucie hatte das Gefühl, als wären ihre Knochen plötzlich zu Gelee geworden. Sie atmete nun so heftig und schnell, dass sie Angst hatte, noch durch die dickste Betonmauer gehört zu werden.

„Alles in Ordnung“, hörte sie Jonas sagen. Er und Frau Bolko unterhielten sich noch eine Weile. Schließlich hörte Lucie eine Tür und Schritte, dann herrschte Stille. Lucie verließ vorsichtig ihr Versteck, ging zum Fenster und schaute hinaus. Nein, es war zu hoch. Hier kam sie nicht heraus. Sie musste das Haus durch die Haustür zu verlassen. Sie lehnte sich an die Wand. Plötzlich fiel ihr Blick auf ein kleines weißes Regal, das neben der Badewanne stand. Im ersten Fach stand …

„Das Quarantänebecken!“

Lucie hockte sich vor das Regal und schaute in den kleinen gläsernen Kasten. Ein kleiner Frosch hockte in dem Wasserbecken und streckte die Beine von sich.

ÜBUNG 28 !

Übung 28: Schreibe die Adjektive aus dem folgenden Abschnitt heraus!

1. ______________________________

2. ______________________________

3. ______________________________

4. ______________________________

5. ______________________________

6. ______________________________

7. ______________________________

8. ______________________________

9. ______________________________

10. ______________________________

„Ach du meine Güte!“, flüsterte Lucie. „Bist du schön, wunderschön sogar!“
Der Frosch war recht klein, vielleicht drei Zentimeter lang, und er leuchtete gelb und schwarz. Seine Farben waren so kräftig, dass er aussah, als wäre er in einen Farbeimer gefallen.
Ein Laubfrosch ist das jedenfalls nicht, dachte Lucie.
So einen bunten Frosch hatte sie noch nie in ihrem Leben gesehen.
Nach einer Weile stand sie auf und lauschte wieder, konnte aber keinen Laut hören. Vorsichtig öffnete sie die Tür und schaute den Gang entlang. Jonas' Tür war geschlossen.
„Ich kann dich heute nicht mitnehmen“, sagte sie leise zu dem Frosch. „Aber ich komme wieder und rette dich. Das verspreche ich dir.“
Dann huschte sie den Flur entlang, schlich leise die Treppe hinunter und konnte sich gerade noch rechtzeitig in eine abgetrennte Ecke des Eingangsbereiches flüchten, als Frau Bolko aus ihrem Büro trat und in die Küche ging.

Lucie drückte sich in die Mäntel und Jacken der Garderobe. Als sie keine weiteren Geräusche mehr hörte, fasste sie sich ein Herz, flitzte zur Haustür und verließ unbemerkt das Grundstück. Sie rannte die Straße entlang und war schließlich so außer Puste, dass sie stehen bleiben und nach Luft schnappen musste.

„Wo wart ihr?“, schrie Lucie Tom und Max an, die vor ihrem Haus auf den kleinen Stufen hockten und ihr entgegen sahen.
„Ihr solltet doch Jonas aufhalten! Stattdessen sitzt ihr hier und aalt euch in der Sonne. Ich glaube, mein Schwein pfeift!“
Lucie stellte sich vor ihre Freunde, die ihres Erachtens kein bisschen schuldbewusst aussahen.
„Wir haben recherchiert“, sagte Max in gemessenem Ton. „Und konnten recht interessante Dinge in Erfahrung bringen.“
„Interessante Dinge, ist klar. Dass eure Freundin dabei in höchste Gefahr gerät, ist euch wohl egal. He?“ Lucie war wirklich wütend.

„Was treibst du dich denn auch ewig lang bei diesem Jonas herum? Wir dachten, du wärst schon längst aus dem Haus, als sich unser Überwachungsobjekt wieder in Richtung Villa aufgemacht hat“, sagte Tom.
„Ja, genau“, meinte Max. „Was war denn los? Hast du was Spannendes herausgefunden?“ Er machte plötzlich entsetzt große Augen. „Oder hat Jonas dich etwa erwischt? Sag, dass das nicht wahr ist!“ Max presste die Hand vor den Mund.
„Mich erwischt man nicht so schnell!“

Übung 29: Im folgenden Abschnitt finden sich sieben Zeitfehler. Korrigiere sie!

ÜBUNG 29 !

Lucie lächelt stolz, erinnert sich aber mit einer leichten Gänsehaut an ihr Versteck hinter dem Wäschekorb. Wie ein kleines Kind hat sie die Augen zugekniffen, als würde Jonas sie nicht sehen, wenn sie selber nichts sieht. Entsetzliche Angst hat sie gehabt. Aber das muss sie den beiden nun nicht unbedingt beichten, oder? Immerhin hat sie sich ehrenhaft aus der Zwickmühle befreit.

„Erzählt lieber erst einmal, wo ihr euch herumgetrieben habt!“ Lucie setzte sich, schon wieder halb besänftigt, neben Tom und Max auf die Stufen.
„Na ja“, begann Tom langsam, kam dann aber schnell in Schwung. „Erst sind wir Jonas hinterher geschlichen und haben geschaut, wohin es ihn treibt. Unsere Aufgabe war ja, ihn so lang wie möglich von Zuhause fern zu halten …“
Lucie grummelte etwas, ließ Tom dann aber weiter erzählen.
„Jedenfalls dachten wir uns, so lange er keine Anstalten macht, wieder umzukehren, könnten wir ihn einfach nur beobachten und sehen, was er macht und wo er hingeht.“

„Ihr seid ja so ausgebufft!“, warf Lucie spöttisch ein.
Tom achtete nicht auf sie.

ÜBUNG 30 !

Übung 30: Unterstreiche alle Prädikate im folgenden Abschnitt!

„Jedenfalls sind wir ihm in die Bibliothek gefolgt.“
„In die Bibliothek! Im Sommer! In den Ferien! Kannst du dir das vorstellen?“ Max verzog den Mund und tippte sich an die Stirn.
„Wir haben uns gut hinter den Bücherregalen versteckt, um nicht von ihm gesehen zu werden. Wir wollten schließlich herausfinden, was er da so emsig liest. Wir dachten, vielleicht könnte uns das ein paar Hinweise auf sein Geheimnis geben.“
„Ja, und?“, fragte Lucie gespannt.
„Er hat sich ein paar Bücher ausgeliehen, die konnten wir uns natürlich nicht ansehen“, sagte Tom bedächtig.
„Aber die anderen, die er nicht mitgenommen hat, die hat er einfach auf dem Tisch liegen lassen“, setzte Max ungeduldig die Rede seines Bruders fort.

„Ja, und?“, wiederholte Lucie und schrie nun beinahe. Musste man den beiden denn alles aus der Nase ziehen?
„Er hat so ein Artenbestimmungsbuch gelesen. Und dann lag da noch ein Buch über Pfeilgiftfrösche. Und eines, wie man Terrarien gestaltet. Er hat von allen Themen die dickeren Bücher ausgeliehen, das konnten wir erkennen.“
„Pfeilgiftfrösche“, wiederholte Lucie zufrieden.
„Und?“, fragte Max und schüttelte Lucies Arm. „Was hast du bei Jonas gefunden?“
„Einen Pfeilgiftfrosch“, sagte Lucie und lachte.
„Nee, echt?“, fragten Max und Tom gleichzeitig.
„Wart ihr so klug und habt die Bücher ausgeliehen? Ich meine,

immerhin habt ihr wegen der Bücher doch die Bewachung von Jonas nach seinem Besuch in der Bibliothek einfach aufgegeben, oder?"

„Nö, auf die Idee sind wir gar nicht gekommen", sagte Max kurz.

„Wir haben doch gar keinen Ausweis für die Bibliothek", setzte Tom hinzu.

„Ihr seid manchmal solche Dummköpfe!" Lucie ließ den Kopf auf ihre Knie sinken.

„Aber wir haben in dem Buch über Pfeilgiftfrösche geblättert", Max sah triumphierend zu Lucie, „und haben uns alles gemerkt!"

„Dann schießt mal los", sagte Lucie und stützte den Kopf in ihre Hände.

Übung 31: Bestimme die unterstrichenen Nebensätze!

ÜBUNG 31 !

1. ______________________________

2. ______________________________

3. ______________________________

„Zu der Familie der Pfeilgiftfrösche gehören alle möglichen Arten von kleinen, farbenfrohen Tieren, deren Haut giftig ist. Es gibt also ganz viele verschiedene Pfeilgiftfrösche in den verschiedensten Farben. Wenn das Gift dieser Tiere in die Blutbahn eines Lebewesen gerät, dann kann es daran sterben." Max sah zu seinem Bruder.

„Ja", setzte Tom die Rede fort. „Die Pfeilgiftfrösche heißen deshalb so, weil die Indianer das Gift dieser Frösche auf ihre Jagdpfeile verteilt haben."

„Wie haben sie denn das gemacht?", fragte Lucie neugierig.

„Das willst du nicht wissen." Tom sah in Lucies fragendes Gesicht,

dann seufzte er. „Sie haben die Frösche auf Holzstäbe gespießt und dann über dem Feuer erwärmt. Dabei ist das Gift ausgetreten und das haben sie dann auf die Spitzen ihrer Waffen gestrichen."
„Die Armen!" Lucie konnte es nicht ertragen, wenn Tiere leiden mussten. Sie war da sehr empfindlich.
„Ja. Aber das ist doch schon lange her", meinte Max beschwichtigend. Er kannte Lucies Herz für Tiere. „Das machen die Indianer doch gar nicht mehr."
„Außerdem", setzte Tom hinzu, „sind die Pfeilgiftfrösche aus den Terrarien, wie sie hier gehalten werden, auch gar nicht mehr giftig. Diese Eigenschaft haben sie im Laufe ihrer Gefangenschaft verloren."

„Und man kann diese seltsamen Tiere also einfach überall kaufen?", fragte Lucie ungläubig.
„Na, man kann doch auch Schlangen und Spinnen kaufen!", rief Tom. „Ich kenne jemanden, der hat eine Vogelspinne Zuhause. Und einen Skorpion."
Max sah seinen Bruder ein wenig ungläubig an, sagte aber nichts zu dieser Behauptung.
Lucie überlegte kurz.
„Gut. Dann ist der Frosch also jemandem entlaufen. Und wir müssen natürlich den Besitzer finden. Dazu müssen wir erst einmal herausbekommen, zu welcher Art Pfeilgiftfrosch der zählt, den ich gesehen habe. Er war schwarz und gelb und irgendwie lang gestreckt sah er aus. Wir müssen in die Bibliothek und uns das Artenbestimmungsbuch holen."
„Aber, während du uns erzählst, was dir alles passiert ist, müssen wir auf jeden Fall etwas essen!" Max stand auf und reichte Lucie die Hand. „Du kennst doch das geflügelte Sprichwort: Ein leerer Bauch studiert nicht gern!"

„Es heißt: Ein voller Bauch, du Eselchen.“ Lucie nahm seine Hand und ließ sich von ihm hochziehen. „Aber gut. Ich gebe auf. Ich kann auch eine kleine Stärkung gebrauchen.“

Übung 32: Setze im folgenden Abschnitt die passenden Adjektive und Adverbien ein! ***(kleiner, wohl, ausgerechnet, kleine, vergnügt, nachdenklich, frei, nahe, allerdings)***

Nach dem Mittagessen konnten sie ihre Recherchen 1. _______ _______________ nicht fortsetzen. Mutter Jansen hatte den Nachmittag 2. _______________ und lud ihre Söhne und Lucie zu einem Ausflug an den 3. _______________ gelegenen Baggersee ein. Die drei waren der Meinung, dass eine 4. ____________ Verzögerung dem Fall nicht schaden konnte. So gingen sie 5. _______________ baden, aßen Pommes, legten sich in die Sonne und ließen ihre Bäuche bescheinen.

„Dieser Frosch …“, sagte Lucie 6. __________________, während sie sich auf ihrem Handtuch räkelte und einen Apfel aß. „Wie kommt so ein Tier nun gerade in unseren Stadtpark? Und warum findet ihn 7. ____________________ Jonas?“

„Keine Ahnung! Er wird wohl jemandem aus unserer Gegend gehören.“ Tom drehte sich auf die Seite und sah Lucie an.

Sie überlegten.

„Weite Strecken wird so ein 8. ______________________ Frosch 9. _______________ nicht zurücklegen können“, mutmaßte Max und Lucie stimmte ihm zu. Dann richtete sie sich auf ihrem Handtuch auf.

„Vielleicht ist der Frosch unserem Carlos entlaufen! Aus seinem Zooladen! Ich meine, von dort bis in den Park ist es nur ein Katzensprung!“

Tom und Max waren von dieser Idee sofort überzeugt, doch nach einer kleinen Pause meinte Max:
„Allerdings habe ich noch nie so ein Tier bei Carlos gesehen. Er verkauft doch nur Fische, Vögel und andere gewöhnliche Haustiere. Ich glaube nicht, dass er Frösche in seinem Laden führt."
„Stimmt", meinte Lucie nachdenklich. „Trotzdem sollten wir mal bei ihm vorbei schauen und uns umsehen. Aber Jungs: Zurückhaltung ist gefragt! Ihr wisst, wie sich die Großen immer in unsere Angelegenheiten einmischen wollen. Wenn er mit dem Frosch nichts zu tun hat, dann soll das meiner Meinung nach auch so bleiben. Egal, ob Carlos nun ein netter Mensch ist oder nicht, immerhin ist er über fünfzehn und somit im Zweifelsfall mit Vorsicht zu behandeln. Soll uns ein Erwachsener etwa unseren Fall wegnehmen?"
„Nie und nimmer!", riefen Max und Tom und dann verbrachten sie den Rest des Tages damit, sich von ihren detektivischen Meisterleistungen zu erholen.

ÜBUNG 33 !

Übung 33: Vervollständige die Tabelle!

Singular	Plural
1. ____________________	die Fische
2. ____________________	die Vögel
3. ____________________	die Frösche
4. ____________________	die Großen
5. ____________________	die Angelegenheiten

6. der Erwachsene ____________________

7. der Tag ____________________

8. ________________________ die Meisterleistungen

Am nächsten Tag waren Max und Tom verhindert. Sie hatten schon seit Wochen ihren Eltern versprochen, den Keller aufzuräumen, und Mutter und Vater Jansen duldeten keine weiteren Entschuldigungen mehr. So machte sich Lucie alleine auf den Weg zu Carlos. Sie war bester Dinge und pfiff leise vor sich hin. Die letzten zwei Tage war sie von dem langen Flug noch sehr müde und erschöpft gewesen, doch heute fühlte sie sich wieder ausgeruht und frisch. Nun konnte sie sich ganz um ihren Fall kümmern. Sie dachte an Jonas und den seltsamen kleinen Frosch. Ein wenig Leid tat ihr der Pfützenwicht, wie sie Jonas getauft hatten, allerdings schon. Immerhin war er in den Mittelpunkt ihrer Nachforschungen gelangt und konnte sich gegen die drei Freunde eigentlich gar nicht richtig wehren.

Ein wenig ungerecht ist das, musste sich Lucie eingestehen. Der netteste Junge war Jonas zwar nicht und Lucie hatte keinerlei Neigung, ihn in ihren Freundeskreis aufzunehmen, doch wenn sie an seine Lage dachte, fühlte sie sich nicht gerade heldenhaft. Er hatte einen kleinen bunten Frosch gefunden und ihn mit nach Hause genommen. Sie, Tom und Max hatten ihn dabei beobachtet. Dann war sie höchstpersönlich auf recht zweifelhafte Weise in sein Zimmer eingedrungen und hatte dort herumgeschnüffelt. Das war sicherlich nicht „die feine englische Art“, wie ihre Mutter das auszudrücken pflegte. Und sie war sich inzwischen sicher, dass er wusste, dass sie selbst es gewesen war, die sich als seine Freundin Anna ausgegeben hatte. Hatte er jetzt Angst vor ihr und den Zwillingen?

ÜBUNG 34 !

Übung 34: Finde die vier Attribute im folgenden Abschnitt und bestimme sie!

1. ______________________________

2. ______________________________

3. ______________________________

4. ______________________________

„Ach was!", sagte Lucie leise zu sich selber, als sie auf den kleinen Platz einbog. „Wer ein Geheimnis hat, muss auch damit rechnen, dass ihm hinterher geschnüffelt wird."
Mit dieser weisen Erkenntnis fühlte sie sich direkt ein wenig besser.
„Hallo Carlos", sagte sie freundlich, als sie den Laden betrat.
„Hallo!", erwiderte er kurz.
Lucie wunderte sich, warum Carlos eine dunkle Sonnenbrille trug, wo es doch in dem Laden sowieso immer recht finster war. Dann konzentrierte sie sich wieder auf den Grund ihres Besuches.

„Du hast umgebaut?", fragte sie harmlos und sah sich um. Sie konnte keine Veränderung feststellen.
„Ach, ich habe sozusagen eine Art Frühjahrsputz gemacht", meinte Carlos leichthin. „Dafür brauchte ich einfach ein wenig Ruhe."
„Verstehe", meinte Lucie und ging zu den Aquarien.
„Suchst du neue Fische?", fragte Carlos und stellte sich zu ihr.
„Fische!" Lucie machte eine abfällige Handbewegung. „Ich hätte eigentlich Lust auf eine kleine Herausforderung."
„Herausforderung?"

„Ja, mal was anderes. Schildkröten, Lurche, Frösche, so was in der Art.“

„Aha. Wie kommst du denn jetzt darauf?“, fragte er neugierig. „Sind dir Fische und Katzen plötzlich zu langweilig geworden, nachdem du im Regenwald warst?“

„So ist es!“ Lucie lachte und zog eine unschuldige Miene. „Fische sind doch eigentlich furchtbar öde. So ein lustiger, kleiner Frosch – das wäre es doch!“

„Was für eine Art Frosch meinst du denn?“, fragte Carlos schnell.

„Keine Ahnung.“ Lucie verstummte. Sie versuchte, sich an alle Froscharten zu erinnern, die ihr jemals untergekommen waren. Immerhin musste sie möglichst unverfänglich auf ihren bestimmten Frosch zu sprechen kommen. Erwachsene waren von Natur aus schließlich furchtbar misstrauische Wesen. Das wusste doch jedes Kind!

ÜBUNG 35 !

Übung 35: Für den nächsten Abschnitt sind uns die Satzendzeichen ausgegangen. Setze sie und achte dabei vor allem auf die Fragen!

„Laubfrösche vielleicht“, sagte sie schließlich zögernd „Oder Knallfrösche “ Sie schluckte Gab es die überhaupt „Na ja, oder Pfeilgiftfrösche “

Jetzt war es heraus Sie blickte auf zu Carlos, der Lucie lange schweigend ins Gesicht sah, doch sein Gesichtsausdruck war hinter der großen Brille, die sein halbes Gesicht bedeckte, nicht zu lesen Je länger das Schweigen zwischen ihnen dauerte, desto ungemütlicher wurde es Lucie

„Pfeilgiftfrösche“, sagte Carlos schließlich langsam „Das sind interessante Tiere, nicht wahr “

„Ja, aber so was verkaufst du nicht, oder “ Lucie sah sich um

„Nein“, sagte Carlos „Solche Tiere verkaufe ich nicht Kriechtiere, Reptilien, Lurche, Frösche, Kröten, weißt du, die sind teilweise recht kompliziert in der Haltung Aber wie kommst du denn ausgerechnet auf einen Pfeilgiftfrosch “

„Keine Ahnung Habe was drüber gelesen, glaube ich “

„Was gelesen, hm “

„Vielleicht war es auch nur so eine kindische Idee von mir“, sagte Lucie, als sich wieder das ungemütliche Schweigen zwischen ihnen ausbreitete „Ich sollte vielleicht noch einmal darüber nachdenken “

„Das solltest du“, sagte Carlos „Und du weißt doch hoffentlich, dass diese Tiere sehr gefährlich sein können “

„Gefährlich “, fragte Lucie erstaunt

„Sicher Sagt doch schon der Name Das sind keine Tiere, die du zum Kuscheln in die Hand nehmen kannst, oder so Die sind nur zum Anschauen Sicher nicht das Richtige für ein Mädchen deines Alters Was willst du denn mit so einem giftigen Frosch Du solltest dir lieber einen Hasen anschaffen, den kannst du in der Gegend herumschleppen "

„Aber ich habe doch Fische Mit denen kuschele ich doch auch nicht " Lucie schaute Carlos empört an Dachte er, sie wäre ein kleines Baby

„Ja, Fische. Dabei solltest du auch bleiben. Diese Frösche gehören in erfahrene Hände. Hast du das verstanden?"

Carlos ging ein wenig in die Knie und sah ihr direkt ins Gesicht. Von der Seite konnte Lucie einen Augenblick hinter die Brille schauen. Carlos Augen waren rot und geschwollen.

„Hast du Heuschnupfen?", fragte sie mitleidig.

„So was in der Art!", grummelte Carlos und begleitete sie zur Tür. Am Ausgang drehte sich Lucie zu ihm um.

„Aber veräppeln lasse ich mich nicht, Carlos", sagte sie missbilligend. „Diese Pfeilgiftfrösche sind doch gar nicht mehr giftig, wenn sie bei uns in den Terrarien leben. So gefährlich, wie du tust, sind sie also gar nicht!"

Ohne eine Antwort abzuwarten, ging Lucie zur Eisdiele gegenüber, bestellte sich einen Eisbecher und setzte sich in die Sonne. Ein seltsames Gespräch war das gewesen! Carlos hatte irgendwie einen komischen Eindruck gemacht. Vermisste er vielleicht doch den kleinen Frosch? Aber warum hatte er ihr das nicht gesagt? Warum hatte er sie denn vor diesem Tier so eindringlich gewarnt? Lucie war ernsthaft verwirrt und bemerkte gar nicht, wie sich eine Gestalt von der Seite näherte und neben ihr stehen blieb.

„Und? Genug in fremden Wohnungen geschnüffelt? Hast du gerade Einbruchpause?"

Lucie fuhr vor Schreck so zusammen, dass sie den Löffel, den sie gerade zum Mund führen wollte, fallen ließ. Er streifte noch kurz den Tisch, dann fiel er ihr direkt in den Schoß.

„Ah, bah!", sagte sie verärgert und versuchte, den Schokoladeneisfleck von ihrem Rock zu reiben.
„Ja, ja", sagte Jonas und ließ sich neben ihr auf einen Stuhl fallen. „Kleine Sünden straft der liebe Gott sofort."
„Sehr witzig", erwiderte Lucie und verrieb ein wenig Spucke auf dem Stoff. Sie war froh, etwas zu tun zu haben. So musste sie Jonas nicht anschauen.
„Ich weiß, dass du in meinem Zimmer warst", sagte Jonas. „Aber du hast wohl nichts Interessantes gefunden, was? Oder zumindest nichts, was dich weiterbringt."
„Das kann man so und so sehen …" Lucie zog geheimnisvoll die Augenbrauen hoch.
Er rechnete wohl nicht damit, dass Lucie auch andere Zimmer des Hauses Bolko untersucht hatte!
„Ich wollte dir nur sagen, dass du dich zukünftig besser aus meinen Angelegenheiten heraushalten solltest", sagte Jonas und stand wieder auf. „Lasst mich einfach in Ruhe mit eurer kindischen Spioniererei, verstanden? Sonst bekommt ihr Ärger, das kann ich euch versprechen!"

ÜBUNG 36 !

Übung 36: Formuliere die folgenden Sätze um, indem du mit dem Nebensatz beginnst!

1. Diese Pfeilgiftfrösche sind doch gar nicht mehr giftig, wenn sie bei uns in den Terrarien leben.

____

____

____

2. Lucie bemerkte gar nicht, wie sich eine Gestalt von der Seite näherte und neben ihr stehen blieb.

3. Ich weiß, dass du in meinem Zimmer warst.

4. Er rechnete wohl nicht damit, dass Lucie auch andere Zimmer des Hauses Bolko untersucht hatte.

Er stand auf und verschwand genau so schnell wieder, wie er gekommen war. Lucie sah ihm verblüfft nach. Er schien ernsthaft sauer auf sie zu sein. Hatte sie sich vielleicht wirklich etwas zuviel herausgenommen? Sie überlegte, was nun zu tun sei. Sie war sich sicher, dass irgendein Mensch den Frosch vermisste. Vielleicht sollte sie Jonas überreden, das Tierheim oder den Tierschutzbund einzuschalten. Das wäre wahrscheinlich das Vernünftigste. Außerdem hatte sie nach dem Auftritt von Jonas plötzlich keine große Lust mehr, sich weiter mit der Sache zu beschäftigen. Wenn er so

wenig Spaß verstand, würden sie den Fall Pfützenwicht eben wie Erwachsene zu Ende bringen müssen.
Ein wenig enttäuscht aß sie weiter an ihrem Eis. Die Sache war eigentlich so gut wie erledigt. Sie musste nur noch in Ruhe mit Jonas reden. Er durfte auf keinen Fall den Frosch behalten, ohne nach dem rechtmäßigen Eigentümer zu suchen. Das stand fest! Auch wenn er sich noch so sehr dagegen sträubte!
Als sie nach Hause ging, war sie längst nicht mehr so gut gelaunt, wie sie es auf dem Hinweg gewesen war. Carlos und Jonas waren so unfreundlich zu ihr gewesen, dass sie beschloss, den Rest des Tages mit Tom und Max im Freibad zu verbringen und nicht mehr weiter an die Geschichte mit dem Frosch zu denken. Und abends waren ihre Familien zum Essen verabredet bei dem kleinen Italiener um die Ecke. Wenigstens ein kleiner Lichtblick in dieser dunklen Zeit!

ÜBUNG 37 !

Übung 37: Setze die folgenden Wörter in den Genitiv!

1. der Fall ____________________
2. der Erwachsene ____________________
3. das Eis ____________________
4. die Ruhe ____________________
5. der Eigentümer ____________________
6. das Freibad ____________________
7. das Essen ____________________

Lucie erzählte Tom und Max von Jonas und dessen unschönem Auftritt. Sie konnte die beiden Jungen davon überzeugen, dass das Detektivspiel mit Jonas ein Ende finden musste. Die waren zwar nur mäßig begeistert davon, ihren Fall aufzugeben, fügten sich aber schließlich den vorgebrachten Argumenten ihrer Freundin. Nachdem Tom und Max ihre Aufräumarbeiten im Keller erledigt hatten, verlebten die drei einen schönen Tag im Freibad.

Übung 38: Übertrage den folgenden Abschnitt ins Plusquamperfekt!

Sie trugen ihre Strohhüte spazieren und freuten sich über die erstaunten und belustigten Gesichter, für die sie mit ihrem seltsamen Aufzug sorgten. Abends saßen sie dann gemeinsam mit ihren Eltern beim Italiener unter einer großen Linde und aßen, sprachen und lachten, bis die Nacht hereinbrach. Herr Blau erzählte von seinem Kongress. Frau Blau beschrieb mit unverhohlenem Grauen die vielen Tiere, die sie in Panama gesehen hatten, und erntete damit vor allem Spott und Belustigung. Als sie sich endlich nach Hause begaben, waren alle sehr vergnügt und bester Laune.

Tom und Max fanden, dass sie seit Wochen nicht mehr einen so schönen Abend erlebt hatten und sie hängten sich bei Lucie ein und sangen ein selbst erfundenes Piratenlied.
„Vielleicht sollten wir unsere Detektei an den Nagel hängen, nach Hamburg gehen und ein Schiff kapern“, überlegte Lucie.
„Das könnte euch so passen“, rief Frau Blau hinter ihnen. „Einfach abhauen und in See stechen! Aber nicht ohne mich! Ich will zumindest Köchin auf eurem Boot werden.“
Lucie wollte natürlich die Kapitänin sein und Max und Tom stritten sich um die Rolle des Steuermannes. Die Eltern Jansen gaben

sich mit dem Rang von Matrosen zufrieden. Noch vor der Haustüre überlegten sie sich, welche Abenteuer sie wohl auf wilder See zu bestehen hätten.

„Da sind Sie ja endlich, Herr und Frau Blau!“ Die Hausmeisterin saß auf ihrem Balkon und sah aufgeregt zu ihnen hinunter.

„Ein wunderschöner Abend, nicht wahr, Frau Kreus?“, rief Vater Blau und winkte fröhlich.

„Stellen Sie sich vor, Herr Blau, bei Ihnen ist eingebrochen worden!“

Alle verstummten und starrten mit offenen Mündern auf Frau Kreus.

„Eingebrochen worden?“, wiederholten Herr Blau und Frau Blau gleichzeitig.

! ÜBUNG 39

Übung 39: Bilde zu den folgenden Verben den Imperativ der zweiten Person Singular!

1. eintreten ________________

2. hochgehen ________________

3. sich umsehen ________________

4. herabeilen ________________

5. warten ________________

Lucie schluckte und wurde unter ihrer Bräune ein wenig blass.

„Ja, eingebrochen! Ist das nicht entsetzlich? Sie müssen selber sehen, was bei Ihnen fehlt. Viel Zeit hat der Dieb nicht gehabt.“

Sie traten ein und gingen langsam die wenigen Stufen zu ihren

Wohnungen hoch. Herr Blau steckte mit zitternder Hand den Schlüssel ins Schloss, während Familie Jansen, Lucie und Frau Blau sich ängstlich umsahen, als könnte der Dieb noch hinter jeder Ecke lauern.
„Was ist denn nur passiert?“, fragte Frau Blau verstört die Hausmeisterin, die zu ihnen die Treppe herabgeeilt kam.
„Nun sehen Sie sich doch erst einmal den Schaden an“, sagte Frau Kreus und drängelte sich mit unverhohlener Neugierde an Tom und Max vorbei in die Wohnung.
Sie gingen durch den Flur ins Wohnzimmer und sahen sich um. Die Wohnung sah genauso aus, wie sie sie verlassen hatten. Lucie und ihre Eltern gingen langsam durch die anderen Zimmer. Wenn sie sich auf dem Flur trafen, schüttelten sie nur verwirrt die Köpfe und zuckten mit den Schultern.
„Ich glaube, wir haben Glück gehabt“, sagte Frau Blau schließlich und sie versammelten sich alle wieder im Wohnzimmer, wo Frau Kreus und die Familie Jansen gewartet hatten.

*Übung 40: **s**, **ß** oder **ss**? Setze ein!*

„Keine Unordnung, kein Durcheinander, es sieht hier aus wie vorher. Keine Schubladen wurden herau__geri__en, der Schmuck ist da und das Bargeld liegt unberührt in der Dose. Die Stereoanlage, der Fernseher: Alles ist noch hier.“ Frau Blau sah bei diesen Worten allerdings genau__o erschüttert aus, als wenn die Wohnung im Chaos versinken und die Hälfte der Einrichtung fehlen würde.
„Das ist ja geradezu unglaublich“, sagte Frau Kreus und schlug die Hände zusammen. „Dabei haben Sie das Unglück geradezu herausgefordert, nicht wahr.“
„Wie meinen Sie das?“, fragte Herr Blau streng.
„Ein aufmerk__amer Nachbar von gegenüber hat beobachtet, wie

eine Gestalt sich bei Einbruch der Dämmerung auf ihren Balkon geschwungen hat!“

„Auf den Balkon geschwungen?“, fragte Frau Blau ungläubig.

„Ja“, sagte Frau Kreus und in ihrer Stimme schwang etwas Freudiges, Lüsternes mit. Lucie sah mit solcher Abneigung auf die Hausmeisterin, da__ Tom ihr mit dem Ellbogen in die Seite stach.

„Und weiter?“, fragte Herr Blau. Auch ihm war der Unwillen, den Frau Kreus bei ihm hervorrief, deutlich anzumerken.

„Ihr Balkon, da__ wi__en Sie selber, hängt nur wenig über den Boden. Mit einem Gartenstuhl, wie er in unserem Garten herumsteht, ist es ein Leichtes für einen Mann mit großer Statur, auf den Balkon zu gelangen, nicht wahr?“ Frau Bolko sah strafend zu Lucie und ihren Eltern.

„Es ist natürlich grob fahrlä__ig, wenn Sie die Balkontür offen stehen lassen, wenn Sie gehen. Das hat die Polizei mir auch gesagt. Aber ich bin nur die Hausmeisterin, ich kann meine Augen nicht überall haben, selbst wenn ich es wollte.“

Tom und Max sahen sich an und konnten sich trotz der furchtbaren Situation das Lachen kaum verkneifen. Tatsächlich kannten sie niemanden auf der Welt, der so viel herumschnüffelte und spionierte wie Frau Kreus. Selbst die drei Blauen Agenten waren gegen Frau Kreus nur blutige Anfänger. Sie zwinkerten sich zu, dann folgten sie den Blicken von Herrn und Frau Blau, die auf Lucie gerichtet waren. Die arme Lucie stand stumm und stocksteif im Wohnzimmer und fühlte, wie ihr die Röte ins Gesicht stieg und auf ihren Wangen brannte. Der Balkon ging von ihrem Zimmer ab und ihre Eltern hatten sie schon einige Male ermahnen mü__en, die Türe zu schlie__en, wenn sie gemeinsam die Wohnung verla__en wollten. Das Problem war jedoch Lucies weiches Herz. Über einen kleinen Steg, der zu ihrem Balkon führte, ging eben auch ihre Katze immer ein und aus. Und Lucie konnte es nicht ertragen, wenn

Agatha vor der Balkontür sa__ und stundenlang miaute, weil sie hinein wollte …

„Auf jeden Fall hat der Nachbar von gegenüber diesen Mann beobachtet, wie er einfach in ihre Wohnung hineinspaziert ist. Da hat er die Polizei gerufen. Selbst hat er sich natürlich nicht vor die Haustüre gestellt und auf den Einbrecher gewartet. Sie wissen, wie brutal die Welt geworden ist. Der Dieb hätte eine Waffe haben können oder Schlimmeres …"

Tom überlegte, was es Schlimmeres als eine Waffe geben könnte, kam aber zu keinem Ergebnis.

„Der Nachbar hat noch beobachtet, wie der Mann ein paar Minuten später aus dem Haus gekommen ist. Sie hatten die Tür wohl nicht abgeschlossen", Frau Kreus schüttelte empört den Kopf über die unvorsichtigen Blaus. „Als die Polizei dann schließlich da war, so nach etwa einer Viertelstunde, war der Dieb schon lange auf und davon."

Sie blickte von einem zum anderen, doch niemand schien sie zu beachten. Alle hatten die Köpfe zu Lucie gewandt. Herr und Frau Blau durchbohrten die Arme immer noch mit bösen Blicken, sagten aber nichts.

„Hören Sie mir überhaupt zu?", fragte Frau Kreus empört in die Runde.

„Sicher, Frau Kreus." Herr Blau wandte sich wieder der Hausmeisterin zu. „Und was sollen wir jetzt machen?"

Übung 41: Formuliere die folgenden Sätze um!

1. Sie wissen, wie brutal die Welt geworden ist.

Wie ____

ÜBUNG 41 !

2. Aber ich bin nur die Hausmeisterin, ich kann meine Augen nicht überall haben, selbst wenn ich es wollte.

Selbst wenn ich es wollte, ______________________________

____

3. Als die Polizei dann schließlich da war, so nach etwa einer Viertelstunde, war der Dieb schon lange auf und davon.

Der Dieb war, so ______________________________

____

ÜBUNG 42 !

Übung 42: Welche der Pronomen im folgenden Abschnitt werden groß-, welche kleingeschrieben?

„Die Polizei ist ebenfalls durch den Balkon in _hre Wohnung gestiegen und hat nach Spuren gesucht. Sie sagten, _ie sollen gründlich nachsehen, ob etwas fehlt und morgen bei _hnen aufs Revier kommen und gegebenenfalls Anzeige erstatten."
Herr und Frau Blau nickten langsam und sahen sich ein wenig hilflos um.
„Hat denn der Nachbar von gegenüber den Dieb erkannt?", fragte Lucie leise.
„Nein, mein Kind", sagte die Hausmeisterin bedauernd. Sie sprach nun so langsam mit Lucie, als wäre _ie des Deutschen nicht mächtig oder als wäre _ie geistig ein wenig minderbemittelt. So sprach Frau Kreus immer mit den Kindern des Hauses. „Es sind doch ein paar Meter bis da drüben und außerdem begann es schon, dunkel zu werden. Da konnte man nicht mehr viel erkennen."
Plötzlich wurde _ie wieder lebhafter.
„Das war sicherlich so ein zerrissener Lump vom Hauptbahnhof.

So ein kleiner Krimineller auf der Suche nach etwas Barem und Schmuck. Die sind doch alle gleich, diese Drogensüchtigen und Trinker …“ Ihre Stimme wurde schrill und durchdringend.
„Danke, Frau Kreus“, sagte Frau Blau kühl und zeigte in Richtung Wohnungstür. „Im Zweifel für den Angeklagten, nicht wahr? Solange noch kein Drogensüchtiger und Trinker des Diebstahls überführt ist, sollten wir diese armen Kerle mit unseren schlechten Gedanken in Ruhe lassen. Sind _ie nicht meiner Meinung?“
„Den wird die Polizei nicht erwischen, das kann ich _hnen versichern“, sagte Frau Kreus giftig und wandte sich zum Gehen. „Die sind doch wie die Ratten, diese kleinen Kriminellen.“
Die Hausmeisterin verließ murrend und keifend die Wohnung.
„Gut, Lucie“, sagte Herr Blau in die eintretende Stille. „Vor der schrecklichen Kreus wollte ich _ich nicht bloßstellen, aber …“ er suchte nach Worten, „… aber ich bin so furchtbar wütend auf _ich! Es wäre jetzt gut für _ich, wenn _u sofort und auf der Stelle in _ein Zimmer gehst und _ich so lange nicht mehr rührst, bis Mama und ich uns eine angemessene Strafe für _ich ausgedacht haben.“
Lucie sah kurz in die mitleidigen Gesichter von Tom und Max, dann ließ _ie den Kopf hängen und eine dicke Träne tropfte auf den Boden zu _hren Füßen.

„Es tut mir schrecklich Leid“, sagte sie leise.
„Und schau nach, ob irgendetwas bei dir fehlt!“, rief ihre Mutter ihr hinterher, als sie den Gang zu ihrem Zimmer hinunterschlurfte.
In ihrem Zimmer warf sich Lucie auf ihr Bett und starrte wütend auf die Balkontür, während ihr die Tränen über die Wangen rannen.
Das Leben war ungerecht! Es war so ein schöner Abend gewesen und dann das! Was war das für ein böser Mensch, der einfach in ihr Zimmer eingestiegen war? Wer machte so was überhaupt? Verärgert sah sie sich in ihrem Raum um. Es war ein seltsames Gefühl,

dass hier ein Fremder ohne Erlaubnis ihre Sachen angesehen und vielleicht sogar angefasst hatte. Hatte der Dieb sogar auf ihrem Bett gesessen und sich ausgeruht von der Kraxelei auf den Balkon? Angewidert stand Lucie auf und ging zu ihrem aufgeräumten Schreibtisch. Dann fuhr sie mit dem Zeigefinger an ihrem Bücherregal entlang. Vor ihrem Krimskrams-Regal, wie sie es nannte, blieb sie etwas länger stehen. Nein, auch hier hatte der Dieb nichts entwendet. Sie schüttelte ihr Sparschwein und musste wider Willen ein wenig lächeln.

ÜBUNG 43 !

Übung 43: Formuliere vom Aktiv in die Passivform um!

1. Herr Blau hatte Lucie nach dem Weggehen der Hausmeisterin getadelt.

2. Lucie hatte die Balkontür nicht verschlossen.

3. Der Einbrecher hat den Gartenstuhl zum Einstieg in die Wohnung benutzt.

4. Lucie schüttelte das Sparschwein.

Das wäre ein feiner Dieb gewesen, der mir aus Mitleid etwas Geld in meine Büchse geworfen hätte, dachte Lucie.
Sie öffnete ihre Schubladen, sah unter das Bett, doch alles lag unschuldig und unberührt an seinem Platz.
Bei mir hat er also nichts geklaut, dachte Lucie und ließ Agatha hinein, die nun vor der Balkontür saß und sie aufmerksam beobachtete. Als Lucie sie einließ, stürzte die Katze schnurrend in ihre Arme.

„Du dummes Vieh", sagte Lucie und vergrub ihr Gesicht in dem weichen Fell. „Warum bist du nicht vor unserem Essen gekommen? Dann hätte ich die Balkontüre sicherlich geschlossen und der Dieb hätte schön blöd aus der Wäsche geschaut." Lucie stiegen wieder die Tränen in die Augen.
Und jetzt ist die Welt auf einmal nicht mehr so, wie sie einmal war, dachte Lucie. Meine schöne Kindheit ist vorbei. Die Eltern hassen mich und stecken mich ins Internat. Tom und Max werden sich eine neue Freundin suchen und ich werde niemanden mehr haben auf der Welt.

Lucie schluchzte leise auf.
„Und wenn ich im Internat bin, suchst du dir wahrscheinlich nur einen neuen Dosenöffner, du blödes Vieh.“
Lucie ließ die Katze fallen, die beleidigt miaute, und warf sich in einem Anflug von Traurigkeit, Zorn und Selbstmitleid wieder aufs Bett. Ziemlich genau drei Minuten später war sie eingeschlafen.

Übung 44: Setze die richtigen Artikel ein und bilde zusammengesetzte Substantive!

___ Wäsche	___ Leine	________________
___ Bett	___ Himmel	________________
___ Staub	___ Sauger	________________
___ Tag	___ Dieb	________________
___ Fantasie	___ Reise	________________

Die erste Strafaufgabe von Lucie bestand darin, ihr Zimmer aufzuräumen, Staub zu wischen und den Boden zu putzen. Dasselbe stand ihr mit dem Elternschlafzimmer und dem Bad bevor.
„Das ist aber noch lange nicht alles“, sagte sie zu Tom und Max, die sie besucht hatten, um ihr in diesen schweren Zeiten beizustehen. „Mama und Papa wissen, wie sehr ich Mathe hasse. Jetzt muss ich bis zum Schulanfang jeden Tag eineinhalb Stunden lang Aufgaben lösen! Ist das nicht grausam?“
Tom und Max nickten entsetzt.
„Wie fallen Erwachsenen nur immer solche Sachen ein?“, fragte sich Tom.

„Genau, was muss man nur für eine kranke Fantasie haben!“ Max seufzte voller Mitleid.
„Ach, in dieser Beziehung haben Erwachsene so viele Ideen, soviel kann man gar nicht falsch machen“, stellte Lucie fest. „Ich soll mir außerdem noch eine lange Ballade aus dem ‚Buch der Deutschen Dichter‘ heraussuchen. In zwei Wochen soll ich das Gedicht dann vor euch, euren und meinen Eltern vortragen.“
„Wie peinlich!“ Tom und Max waren über das Ausmaß der Strafen erschüttert.
„Halb so wild“, meinte Lucie und wedelte mit ihrem Staubtuch. „Ich werde mir eine richtig unheimliche Ballade aussuchen. Da lässt sich bestimmt was draus machen.“

Übung 45: Groß oder klein? Trage die richtigen Anfangsbuchstaben in die folgenden Lücken ein!

! ÜBUNG 45

„Wenn du meinst …“ Tom und Max verzogen das Gesicht. Eine Ballade auswendig zu lernen oder für den Rest ihres Lebens nicht mehr Fußball spielen zu dürfen war vom Strafmaß her gesehen für sie ungefähr __asselbe.
„Sollen wir dir helfen?“, fragte Max und griff nach dem Besen.
„Ja, dann können wir vielleicht früher raus“, meinte Tom und quetschte sofort ein paar herumliegende Bücher ins Regal.
„Ihr seid lieb.“ Lucie sah ihre Freunde zärtlich an. Dann schrie sie plötzlich: „Pass auf Max, du trittst gerade Fischfutter in meinen __eißen Teppich!“
„Entschuldigung“, flüsterte Max und trat vorsichtig ein paar Meter zurück.
„Wie kommt denn das hierher?“ Lucie kniete sich nieder und sammelte die feinen Brösel aus ihrem wolligen Teppich vor dem Schreibtisch.

„Hast du dir eigentlich mal überlegt, wer hier __ingebrochen sein könnte?", fragte Tom und setzte sich neben sie. „Ich meine, vielleicht kennen wir den Dieb, der nichts geklaut hat." Er machte ein geheimnisvolles Gesicht.
„Du meinst doch nicht etwa, dass sich Jonas an mir rächen wollte?" Lucie zog die Augenbrauen zusammen. „Ehrlich gesagt habe ich auch schon darüber nachgedacht. Aber nein, das wagt er nicht. Oder?"
„Woher willst du das wissen? So, wie er dich bedroht hat …" Max stützte sich nachdenklich auf den Besen. „Immerhin ist nichts gestohlen worden. Das ist doch seltsam! Die __inzige, die einen Schaden hat, bist du mit deinen __ausend Strafarbeiten."
„Du hast __echt", meinte Lucie und strich sich nachdenklich eine Strähne hinter ihr Ohr. „Das hätte sich unser Pfützenwicht wirklich fein ausgedacht!"
„Aber hatte die Hausmeisterin nicht gesagt, dass man __echt groß sein muss, um auf den Balkon zu kommen?", wandte Tom ein. „Soviel ich weiß, ist Jonas nicht gerade der Längste. Und der begabteste Turner unter dieser Sonne ist er meines Wissens auch nicht."
„Aber __ndererseits: Was ist das für ein Einbruch, bei dem nichts geklaut, scheinbar nichts angefasst und nichts kaputt gemacht wurde?" Lucie kratzte sich am Kopf. Dann seufzte sie.
„Da ist wohl nichts zu machen", sagte sie und grinste mit schiefem Gesicht. „Wir müssen den Fall Pfützenwicht wohl oder übel wieder aufnehmen."
„Hurra!", riefen Tom und Max begeistert.

Es war schon früh am Nachmittag als sich Lucie, Tom und Max endlich auf den Weg zu Jonas machen konnten. Die Sonne strahlte warm und weich auf ihre Haut und Lucie reckte und streckte

sich, als wäre sie jahrelang in einem dunklen Verlies eingesperrt gewesen.
„Mir wirbelt immer noch der Kopf vor lauter Zahlen“, sagte sie und gähnte.
„Und das in den Sommerferien“, stellte Tom mitleidig fest.
„Wenn dieser Jonas an dem ganzen Unglück Schuld ist, kann er was erleben, das sage ich dir“, knurrte Max böse.
„Dann lasst uns mal los“, sagte Lucie und sie rannten bis vor die große, schöne Villa.
Als sie klingelten, öffnete wieder Frau Bolko.
„Ach, Anna, du bist es!“, sagte sie freundlich und Max und Tom sahen Lucie verwundert an.
„Guten Tag, Frau Bolko, ist Jonas vielleicht Zuhause?“, fragte Lucie höflich, ohne mit der Wimper zu zucken.
„Er sitzt im Garten. Kommt doch alle herein!“ Frau Bolko führte die drei durch die Wohnung auf die Terrasse, wo Jonas in einer Liege lag und sie misstrauisch über sein Buch hinweg beäugte.
„Ich hole eine kleine Erfrischung“, sagte Frau Bolko und verschwand wieder.
„Habe ich euch nicht gesagt, dass ihr mich in Ruhe lassen sollt?“, fragte Jonas mürrisch.
„Das hätten wir auch“, sagte Lucie und setzte sich ihm gegenüber. „Aber nun ist etwas vorgefallen und wir können uns des Gefühls nicht erwehren, dass du dabei deine Finger im Spiel hast.“
„Was ist denn passiert?“ Jonas klappte sein Buch zu und richtete sich auf.
„Nun tu doch nicht so scheinheilig“, sagte Max wütend und trat einen Schritt vor. „Du warst es doch, der bei Lucie in die Wohnung eingestiegen ist, oder etwa nicht?“
„In die Wohnung eingestiegen? Bei Lucie ist eingebrochen worden? Wann denn?“ Jonas machte ein erstauntes Gesicht.

„Na, gestern Abend, so zwischen acht und zehn." Tom beugte sich vor und sah Jonas drohend in die Augen. „Hast du nun etwas damit zu tun oder nicht? Und lüg' uns nicht an, du kleiner, kleiner …" er suchte nach Worten.

„… kleiner Pfützenwicht!", beendete Lucie seinen Satz.

Jonas sah von einem zum anderen, dann lächelte er.

„Sag mal, Mama, kannst du dich erinnern, was wir gestern Abend gemacht haben?", fragte er seine Mutter, die mit einem Tablett auf die Terrasse trat.

„Wir waren doch bei Oma und Opa und haben uns die Dias von ihrem Türkeiurlaub angeschaut."

„Ah ja", sagte Jonas und lachte triumphierend, „das hatte ich ganz vergessen."

Frau Bolko seufzte tief, dann ging sie langsam wieder ins Haus hinein.

ÜBUNG 46 !

Übung 46: Finde im folgenden Buchstabengewimmel elf Temporaladverbien!

Karlfindenrewgesternmorroimmersabinejetztzterundmordionie
wiesobreidannsuchenverhaulabiheutetelefingerdamalsölampespä
terverdieneneinstsammelstellendlichzeitamorgentauland

„Gut", sagte Lucie zu Tom und Max. „Er hat ein Alibi. Ich konnte mir sowieso nicht vorstellen, dass dieser kleine Angsthase zu einem Einbruch fähig wäre."

Jonas prustete laut.

„Besser für ihn", meinte Tom.

„Trotzdem kann ich dir mal eins sagen", Lucie sah Jonas nun fest in die Augen. „Deinen blöden Frosch, den kannst du nicht einfach behalten."

„Ihr wisst von meinem Frosch?“, fragte Jonas. Er schien jetzt wirklich entsetzt zu sein.

„Jetzt fahr mal deinen Kiefer wieder ein“, sagte Lucie lässig. „Ganz doof sind wir eben auch nicht.“

„Ach was!“

„Ja. Und du musst dich darum kümmern, ob jemand ihn vermisst, das ist doch ganz klar. Außerdem solltest du mit dem Tier vorsichtig sein. Immerhin ist es ein Pfeilgiftfrosch.“

Jonas wirkte nun vollends erschüttert.

„Und was wisst ihr sonst noch alles?“, fragte er vorsichtig.

„Genug, um dir zu sagen, dass du den Frosch nicht einfach behalten kannst“, stellte Lucie ruhig fest.

„Ich habe euch schon einmal gesagt: Lasst mich in Ruhe!“ Jonas war plötzlich wütend aufgesprungen. „Er gehört niemand. Ich habe ihn gefunden und jetzt ist es meiner. Also: Verschwindet von hier und kommt nicht mehr wieder!“

Übung 47: Unterscheide bei den Substantiven zwischen dem biologischen Geschlecht und dem grammatischen Geschlecht (Genus)!

	biologisches Geschlecht	grammatisches Geschlecht
1. das Terrarium	______________	______________
2. das Frauchen	______________	______________
3. das Gift	______________	______________
4. der Kerl	______________	______________
5. das Mädchen	______________	______________

6. das Auge ________________ ________________

7. der Junge ________________ ________________

8. der Stadtpark ________________ ________________

„Dürfen Tom und ich den Frosch denn auch mal sehen?“, fragte Max neugierig. Dieser Jonas machte schließlich einen mächtigen Wind um so ein kleines Tier. „Ich meine, was für eine Art Pfeilgiftfrosch ist es denn?“

„Der giftigste, den du dir vorstellen kannst“, zischte Jonas. „Pass auf, dass ich ihn nicht auf dich ansetze. Ich bin gerade dabei, ihn auf freche, kleine Jungen zu dressieren.“

„Sehr witzig, Jonas“, meinte Lucie kühl. „Du weißt sicher ganz genau, dass die Frösche ihre Giftigkeit verlieren, weil sie hier in den Terrarien andere Nahrung zu sich nehmen als in der freien Wildbahn ihrer Heimat. Und ihr Gift bilden sie anscheinend durch ihre Nahrung.“

„Gut gelernt, kleine Biologin. Willst du etwas davon probieren?“ Jonas lachte höhnisch. „Vielleicht kommt er gar nicht aus einem Terrarium. Vielleicht habe ich ja einen wilden Frosch gefunden.“ Er wandte sich zu Lucie und seine Augen wurden dunkel vor Wut.

„Ein wilder Frosch bei uns im Stadtpark, na sicher!“ Lucie tippte mit einem Finger an ihre Stirn.

„Du kannst ihn gerne küssen, vielleicht ist mein Frosch ja auch ein verzauberter Prinz.“ Jonas machte einen Kussmund. „Wenn es allerdings kein verzauberter Prinz ist, dann wird dir Hören und Sehen vergehen.“

„Wie meinst du das?“, fragte Lucie ungeduldig. Dieser überhebliche Kerl ging ihr langsam gehörig auf die Nerven.

„Ich habe gelesen, dass das Gift in die Blutbahn gelangen muss, um tödlich zu wirken.“ Jonas schien richtig dankbar zu sein, mit seinem Wissen prahlen zu können. „Wenn du aber den Frosch berührst, ohne eine Wunde zu haben und das Gift kommt an deinen Mund oder in die Augen, dann schwillt dir alles an und es tut höllisch weh.“

„Sag das noch mal“, meinte Lucie langsam.

„Für Blöde zum Mitschreiben: Wenn das Gift in die Schleimhäute gerät, löst das eine unangenehme Schwellung aus. Also, ich sage doch, lasst mich in Ruhe und ich lasse euch in Ruhe. Nicht, dass ihr eines Morgens mit dicken Augen aufwacht.“

Lucie packte Tom am Arm.

Übung 48: Bestimme die unterstrichenen Nebensätze! Ein Tipp: Es sind jeweils zwei Konditional-, Temporal- und Interrogativsätze.

„Wir gehen“, rief sie aufgeregt. „Kommt mit! Schnell!“

Max und Tom folgten ihr verwundert. Was war denn jetzt passiert? Seit wann ließ sich Lucie von Drohungen einschüchtern? Und noch dazu, wenn sie von so einem lächerlichen Angeber kamen? Doch Lucie war schon auf und davon. Max und Tom schüttelten noch einmal drohend die Fäuste in Jonas Richtung, dann rannten sie Lucie hinterher.

„Was ist auf einmal los mit dir?“, fragte Tom, als er sie eingeholt hatte.

„Hat dir der Pfützenwicht etwa Angst eingejagt mit seinen Märchen über den giftigen Frosch?“ Max lachte.

„Das glaubst du doch selber nicht, oder?“ Lucie schüttelte unwillig den Kopf. Dann blieb sie plötzlich stehen.

„Also“, sagte sie ungeduldig. „Ich weiß jetzt, wer bei uns eingebrochen ist.“

Max und Tom sahen sie fassungslos an.
„Carlos ist bei mir eingestiegen!“
„Häh?“, fragten die Brüder verwirrt.
„Als wir gerade mit Jonas geredet haben, ist mir ein Licht aufgegangen!“ Lucie setzte ihren Weg fort. Sie ging so schnell, dass sie ein wenig keuchte, während sie weiter sprach.
„Es gibt zwei Beweise. Erstens: Als ich bei Carlos war, hatte er geschwollene Augen. Erinnert euch an die Worte von Jonas. Vielleicht hatte er den Frosch in der Hand und ist dann aus Versehen an seine Augen gekommen. Er hat also irgendetwas mit diesem Tier zu tun.“
Max und Tom sahen nicht sehr überzeugt aus.
„Aber das ist noch nicht alles, denn zweitens“, fuhr Lucie fort, „waren auf meinem Teppich Spuren von Fischfutter, aber unser Aquarium steht im Wohnzimmer. Es ist also ein weiter Weg für vom Aquarium bis zu meinem Teppich. Warum sollte ich oder irgendwer sonst Fischfutter in der Wohnung verteilen? Erinnert ihr euch, wie Carlos uns das Geld für das Eis gegeben hat? Da klebte ihm doch Fischfutter an der Hand!“
„Aber warum sollte er denn bei dir einbrechen?“, fragte Tom. Lucies Ideen schienen ihm recht weit hergeholt zu sein.
„Keine Ahnung!“ Lucie klang verärgert. „Ich glaube jedenfalls, dass ihm der Frosch entwischt ist. Bei der Flucht des Tieres ist ihm die Sache mit seinen Augen passiert. Dann gehe ich ein paar Tage später zu ihm und frage ihn nach Pfeilgiftfröschen aus. Er wird aufmerksam und vermutet, dass ich den Frosch gefunden habe und bei mir versteckt halte. Noch am selben Abend steigt er bei mir ein und sucht nach dem Tier.“
„Ja“, meinte Tom nachdenklich. „Aber warum hat er bei eurem Gespräch nicht einfach zugegeben, dass er den Frosch vermisst?“
Lucie zuckte die Schultern und eilte weiter.

„Und wenn es stimmt und Carlos der Einbrecher war, wo gehst du denn jetzt hin? Zur Polizei?" Max stolperte neben Lucie her und versuchte, sie am Arm zu greifen.
„Nein. Ich versuche herauszufinden, was an diesem Frosch so besonders ist. Etwas muss doch an diesem Vieh sein, wenn Carlos nicht mit mir über ihn sprechen will und lieber heimlich bei mir einsteigt. Aber nun stört mich nicht weiter mit euren dämlichen Fragen, ich muss nämlich in Ruhe nachdenken."

Übung 49: Unterstreiche alle Modaladverbialien!

Die Brüder tauschten einen kurzen Blick, dann eilten sie wortlos neben Lucie her. Sie kannten ihre Freundin gut genug, um zu wissen, dass jede weitere Frage sinnlos war.
Lucie rannte zielstrebig zur Bibliothek.
„Wo war denn dieses Artenbestimmungsbuch?", fragte sie ungeduldig, als sie die stillen Räume betraten. Tom und Max führten sie zu den Regalen und suchten eilig nach dem dicken Buch. Dann setzten sie sich neben Lucie, die vorsichtig die Seiten aufschlug.

Übung 50: Unterstreiche alle Ausrufe!

„Pfeilgiftfrösche“, sagte sie und blätterte durch das unfangreiche Kapitel. „Meine Güte, sind das viele Arten!“
Die Jungen hatten schon begriffen, dass Lucie ein Bild von dem Frosch suchte, den sie bei Jonas gesehen hatte. Sie störten Lucie nicht weiter und schauten ihr nur schweigend über die Schulter.
„Wisst ihr, woran mich das erinnert?“, fragte Tom nach einiger Zeit. „Das ist wie bei der Polizei, wenn sich die Leute Fotos von Kriminellen anschauen und nach einem bekannten Gesicht suchen.“
„Ja!“ Max lachte. „Nur sucht Lucie nach einem Frosch und nicht nach einem Menschen.“
„Das ist er!“, rief Lucie laut.
„Aua!“ Tom und Max und rieben sich ihre Stirn. Sie hatten sich beim Hinunterbeugen zu dem Foto die Köpfe gestoßen.
„Da. Der gelb-schwarze Kerl hier!“ Lucie tippte auf ein Bild und sie begannen zu lesen – dann sahen sie sich erstaunt an.
„Bist du dir sicher, dass es wirklich genau dieser Frosch war?“, fragte Tom leise.
Lucie nickte.
„Jetzt wird mir einiges klar“, sagte sie. Dann schlug sie sich die Hand vor den Mund. „Aber … aber … das bedeutet ja …“ Sie schnappte nach Luft.
„Ich verstehe gar nichts mehr!“ Max stand der Mund offen.
„Ein Atelopus zeteki“, sagte Lucie. „Ein Panama-Stummelfußfrosch.“
„Ja“, sagte Tom. „Lesen können wir auch. Aber das gibt es doch gar nicht. Den gibt es doch wirklich nur in Panama!“
Lucie legte einen Finger an den Mund.
„Jetzt hört mir mal gut zu“, sagte sie. „Ich fasse zusammen: Der

Panama-Stummelfußfrosch ist unglaublich selten und vom Aussterben bedroht. Er darf nicht aus Panama in fremde Länder ausgeführt werden und wird durch alle möglichen Gesetze geschützt. So weit, so klar?“

Übung 51: Bestimme die unterstrichenen Satzglieder im folgenden Abschnitt!

Tom und Max nickten und schwiegen eine Weile. Dann sahen sie sich an und ein Schauder lief ihnen über den Rücken. Aufgeregt rückten sie ihre Köpfe noch näher aneinander.

„Wenn Jonas recht hat und es ist wirklich ein wilder Frosch …“, begann Tom.

„… dann ist es sicher verboten, ihn nach Deutschland einzuführen“, setzte Max fort.

„Wer so einen Frosch schmuggeln will, muss ihn gut verstecken“, stellte Lucie fest. „Und das den weiten Weg von Panama bis Deutschland!“

„Du warst doch in Panama! Lucie! Das gibt es doch gar nicht!“ Max und Tom schrieen so laut, dass eine Bibliothekarin, die an ihrem Tisch vorbei ging, mahnend den Finger hob.

„Das Kästchen für Carlos! Siehst du, Lucie, wir haben doch Recht gehabt, dass was mit dieser Kiste nicht stimmt!“

„Ich kann es nicht glauben! Ich habe, ohne dass ich es bemerkt habe, einen vom Aussterben bedrohten Frosch nach Hause gebracht.“ Lucie schüttelte sich.

„Aber warum? Was will Carlos nur mit einem Panama-Stummelfußfrosch? Das ist doch total verrückt!“ Max rollte mit den Augen vor Verwirrung und Aufregung.

„Dieser Frage, mein Lieber, sollten wir nachgehen“, sagte Lucie, plötzlich wieder ruhig und gefasst. „Und zwar gründlich!“

„Ich denke, wir sollten die Polizei einschalten“, sagte Max, während er bei Lucie auf dem Bett saß.
„Bist du verrückt?“ Tom zeigte ihm den Vogel. „Ich meine, was haben wir denn schon für Beweise?“
„Ich denke, wir haben genug, um die ganze Sache anzuzeigen. Wir haben den Frosch, also, Jonas hat den Frosch, wir haben einen Einbruch, wir haben einen Täter, wir haben alles!“ Max streckte Tom die Zunge heraus.

ÜBUNG 52 !

Übung 52: Setze die richtigen Endungen und Artikel in die Lücken ein!

„Und wir dürfen dann in der Zeitung lesen, dass die Polizei dem größten Tierschmuggel aller Zeiten auf die Schliche gekommen ist? Nein, nein. Nicht mit ____ Blauen Agenten. Das schaffen wir auch alleine!“ Lucies Augen strahlten vor Begeisterung. „Wir dürfen jetzt nur keinen Fehler machen, dann haben wir unsere__ erste__ Fall in der Tasche!“
Max antwortete nicht. Er sah ein wenig bedrückt aus.
„Hast du etwa Angst?“, fragte ihn sein Bruder.
„Ich weiß nicht. Ja gut, ein bisschen“, gab Max zu. „Vielleicht ist Carlos gefährlich und wer weiß, wer da noch drinhängt in der Geschichte.“
„Jetzt sind wir schon so weit gekommen“, sagte Lucie. „Jetzt können wir doch nicht schlappmachen!“
Tom und Lucie sahen Max auffordernd an. Der seufzte kurz, dann zuckte er mit ____ Schultern.
„I__ Ordnung“, meinte er schließlich. „Aber wenn es brenzlig wird, rufe ich die Polizei, nur dass ihr es wisst!“
Lucie klatschte in die Hände, dann überlegten sie, was sie zu tun hatten.

„Heute Abend fangen wir mit ____ Überwachung von Carlos an. Irgendwelche Einwände? Nein? Gut. Ich habe eine Idee. Ihr sagt eure__ Eltern, dass ihr bei mir schlaft und ich sage meine__ Eltern, dass ich bei euch schlafe. Damit haben wir eine ganze Nacht für uns gewonnen."

„Ob das mal gut geht …" Max zweifelte noch ein wenig.

„Papperlapapp. Natürlich geht das gut." Lucie war Feuer und Flamme. „So wird's gemacht. Ab Ladenschluss liegen wir auf der Lauer. Wir werden sehen, was passiert."

Es war nicht schwierig, ihre Eltern von ____ Übernachtungsidee zu überzeugen. Lucie, Tom und Max lebten nun schon seit acht Jahren Tür an Tür und gegenseitige Besuche über Nacht waren schon beinahe eine Selbstverständlichkeit. Die einzige Gefahr war, dass sich die Eltern auf dem Flur begegnen und sich über den Verbleib ihrer Kinder unterhalten könnten. Aber auch in diesem Punkt war de__ drei das Glück hold. Die Eltern von Lucie beschlossen spontan, ____ kinderfreien Abend in der Stadt zu verbringen. Sie hatten sich sofort ein langes Programm mit Essen gehen, Kino und einem anschließenden Kneipenbesuch ausgedacht. Lucie freute sich. Sie fand es immer schön, wenn ihre Eltern etwas gemeinsam unternahmen. Vor einem langen Abend zu zweit waren Mama und Papa beinahe so nervös wie Kinder vor _______ Kindergeburtstag, fand Lucie. Sie leistete ihrer Mutter noch beim Schminken Gesellschaft, beriet sie in der Kleiderfrage und putzte sogar die Schuhe ihres Vaters.

Pünktlich um sechs aber saß Lucie dann im kleinen Eiscafé auf dem Platz und wartete auf Max und Tom. Lange schaute sie hinüber zu dem Tierladen. Einmal trat Carlos vor die Tür und winkte ihr zu, und sie winkte zurück. Eine große Welle schlechten Gewissens überflutete ihr Herz. Es war zwar ihre Idee gewesen, aber sie fühlte sich plötzlich mies, dass sie Carlos heute Abend überwachen mussten. Er war offensichtlich ein Verbrecher, aber er war ein netter Verbrecher und Lucie hatte ihn trotz seines hohen Alters zu ihren Freunden gerechnet.

„Ach, Carlos“, seufzte sie betrübt, „was machst du nur für Sachen?“

Als Max und Tom auf dem Platz eintrafen, begaben sie sich sofort auf ihren Überwachungsposten, eine Gruppe von Bänken am Ende des Platzes, der durch Bäume und eine kleine Steinmauer ein wenig abgetrennt von dem Geschehen auf dem Einkaufszentrum war. Hier trafen sich oft die Jugendlichen des Viertels, doch glücklicherweise war es dafür noch zu früh, sodass Lucie, Tom und Max ihre Ruhe hatten.

Sie unterhielten sich scheinbar harmlos, doch aus den Augenwinkeln hatten sie den Zooladen fest im Visier.

Übung 53: Unterstreiche alle Lokaladverbialien im folgenden Abschnitt!

Pünktlich um halb sieben trat Carlos vor die Tür seines Geschäftes, schloss ab, sah unruhig auf seine Uhr und ging eilenden Schrittes zur Straße in Richtung Park. Lucie, Tom und Max ließen ihm einige Schritte Vorsprung, dann folgten sie ihm. So lange sie noch auf dem Platz waren und sich kein Versteck bot, bummelten sie harmlos hinter ihm her, überquerten dann zügig die Straße zum Park und waren innerhalb von wenigen Sekunden zwischen den dichten, dunkelgrünen Büschen am Wegesrand verschwunden. Carlos sah weder nach rechts noch nach links, er eilte gehetzt den Weg entlang. Für seine Umgebung hatte er keinen Blick übrig, er starrte wie gebannt auf seine Füße und schien in Gedanken versunken zu sein. Für die drei Blauen Agenten war es beinahe enttäuschend leicht, ihm unauffällig zu folgen. Am Spielplatz blieb er abrupt stehen und sah sich um. Um diese Zeit war keine Mutter mehr mit ihren Kindern unterwegs.

Übung 54: Setze die passenden Verben ein! ***(betrachtete, bot, lag, wandte, wartete, wirkte, hatten, flüsterte, bellten, atmete, werden, sah, achteten, streckte, fuhren, zwitscherten, lasst, sprang)***

Das Klettergerüst, die Schaukel, das hölzerne Haus mit dem kleinen Aussichtsturm, alles _______ friedlich und verlassen in der Sonne. Carlos ließ sich auf einer Bank nieder, _________ die Beine aus und ____________. Ab und zu ________ er auf seine Uhr, ____________ aber mit voranschreitender Zeit eher ruhiger, als dass er ungeduldig geworden wäre.

„____________ uns versuchen, so nah wie möglich an ihn heranzukommen“, ______________ Lucie, nachdem sich Max und Tom an ihre Seite gepirscht _________. Das war nicht schwierig. Zwischen Weg und Spielplatz war ein breiter Streifen mit Hecken und Büschen angelegt, der wunderbare Verstecke _______. Sie ___________ darauf, so tief wie möglich zwischen den Zweigen zu verschwinden, sodass sie weder vom Weg noch vom Spielplatz aus gesehen _________ konnten. Glücklicherweise war der Park nicht ausgestorben. Kinder und Erwachsene __________ auf ihren Fahrrädern die Wege entlang, Hunde __________, Vögel ____________, und so waren in dieser Geräuschkulisse einige knackende Äste unter den Füßen der drei Blauen Agenten nicht weiter auffällig. Nur einmal _________ sich Carlos zu ihnen um und blickte kurz in die Hecken, doch genau in diesem Moment __________ ein Eichhörnchen auf die Bank neben ihn und so war er sofort wieder abgelenkt und beruhigt. Lucie _________ erleichtert auf und ______________ ihre aufgekratzten Hände. Gut, dass ihre Eltern an dreckige Kleider und zerschrammte Knie gewohnt waren. Sonst hätten sie beim Anblick ihrer Tochter vielleicht einen Nervenzusammenbruch bekommen.

Übung 55: Bestimme die unterstrichenen Attribute genau!

Als ein Mann in einer dunklen Trainingsjacke auf den Spielplatz einbog, sprang Carlos auf und eilte ihm mit ausgestrecktem Arm entgegen. Sie schüttelten sich kurz die Hände, dann führten sie ein murmelndes Gespräch, das keiner der drei in ihrem Versteck verstehen konnte. Lucie robbte näher an die beiden heran, doch Tom bedeutete ihr mit erhobenem Zeigefinger, an ihrem Platz zu bleiben und pirschte sich vorsichtig weiter. Max und Lucie beobachteten atemlos, wie Tom immer näher an die beiden Männer herankroch. Das Gespräch schien von enormer (____________________) Wichtigkeit zu sein. Lucie biss sich auf ihre Lippe und hoffte verzweifelt, dass Tom ein paar Fetzen des Gespräches verstehen konnte. Nach wenigen (____________________) Minuten war die Unterhaltung beendet. Carlos ging wieder den Weg zurück in ihr Viertel, während sich der Mann in der Trainingsjacke (____________________) mit finsterer Miene und festem Schritt in die andere Richtung wandte.

Tom wartete einen Augenblick, dann war er wieder bei seinen Kumpanen.

„Gut“, sagte er mit vor Aufregung zitternder Stimme. „Dieser Mann da hat etwas mit dem Frosch zu tun. Ich glaube, er will ihn unbedingt haben und hat dem armen (____________________) Carlos ganz schön eingeheizt. Er sagte, wenn er ihn nicht in den nächsten Tagen bekäme, dann ...“

„Was dann?“, unterbrach ihn Max.

„Keine Ahnung!“, antwortete Tom. „Ich konnte es nicht verstehen.

Jedenfalls hat Carlos sehr ängstlich ausgesehen. Mit diesem Kerl ist wohl nicht zu spaßen. Was sollen wir jetzt tun?"
Lucie überlegte. Dann sagte sie hastig: „Ihr verfolgt diesen Mann und ich werde sehen, was Carlos treibt."
„Sollten wir nicht lieber zusammenbleiben?", fragte Max nervös. „Ich weiß nicht, ich habe kein gutes Gefühl bei diesem Typen da."
„Uns bleibt keine andere Wahl", zischte Lucie. „Worauf wartet ihr noch? Ihr dürft ihn nicht entkommen lassen!"
Sie blickte ihren Freunden hinterher, die aus dem Gebüsch stolperten und die Verfolgung des verdächtigen Mannes (____________________) aufnahmen.
„Viel Glück", flüsterte sie.
Dann suchte sie sich selber einen dornigen (____________________) Weg durch das Unterholz, immer hinter Carlos her.
Der Mann in der Trainingsjacke ging quer durch den Park zum Fluss, dann bog er auf einmal nach rechts in Richtung Stadtzentrum ab. Die Jungen hatten keine Probleme, ihm unauffällig zu folgen. Die Straße, die sie nun entlang gingen, war groß und laut, eine Einkaufsmeile, die immer noch gut besucht war, da hier die Läden länger geöffnet hatten. Tom und Max mussten allerdings aufpassen, den Mann in der blauen Trainingsjacke (____________________) nicht aus den Augen zu verlieren. Sie drängten sich so eilig an den entgegenkommenden Massen vorbei, dass sie einige Male von Passanten beschimpft wurden. Sie hatten jedoch keine Zeit, sich mit Höflichkeiten aufzuhalten.
„Hoffentlich steigt er nicht gleich in sein Auto und fährt uns davon", sagte Tom zu seinem Bruder, aber sie hatten Glück.
Der Mann ging die Treppen zur U-Bahn hinunter und Tom und Max stiegen hastig mit ihm in die Bahn, die gerade einfuhr. Sie blieben im Gang stehen und beobachteten den Mann, der einige Meter weiter einen Sitzplatz in dem überfüllten Wagen gefunden

hatte. Tom und Max stellten sich hinter zwei große (______________________) Männer im Anzug und konnten so ihren Verdächtigen im Auge behalten, ohne dass er sie bemerkte.

„Findest du nicht, dass er irgendwie gefährlich aussieht?“, flüsterte Max seinem Bruder zu. Sie hatten jetzt Zeit, sich den Kerl etwas genauer anzusehen. Er war groß und kräftig, unrasiert und seine Augen lagen tief in den dunklen Höhlen. Die Gesichtszüge waren grob und kantig, seine Augenbrauen dick und buschig, was ihm ein finsteres Aussehen verlieh.
„Er wäre jetzt nicht der Typ, den ich nach dem Weg fragen würde“, bestätigte Tom.
„Hoffentlich müssen wir ihm nicht zu nahe kommen“, sagte Max kläglich.

ÜBUNG 56 !

Übung 56: Entscheide bei den folgenden unterstrichenen Sätzen, ob es sich um Haupt- oder Nebensätze handelt!

Der Mann stieg einige Haltestelle hinter dem Hauptbahnhof aus. Tom und Max stellten erfreut fest, dass auch in dieser Gegend viele Menschen unterwegs waren und sie in der Menge verschwinden konnten (______________). Außerdem zeigte der Mann keine Spur von Misstrauen und schien nicht im Geringsten damit zu rechnen, verfolgt zu werden. Ohne sich einmal umzudrehen, verließ er die unterirdischen Gänge, wählte eine kleinere Seitenstraße parallel der Hauptverkehrsader und ging an den Bahngleisen entlang, die sich auf einer Böschung gelegen ein paar Meter weiter oben befanden (____________________). Die Gegend hier wirkte auf einmal wie ausgestorben. Die grauen, ehemals bunten Fassaden der Häuser sahen mit ihren dreckigen Fenstern auf die Gleise. Die Eckhäuser beherbergten Kneipen mit durchscheinenden und vom Zigarettenrauch grau gewordenen Gardinen oder Kioske (______________), deren Ladenfenster lieblos mit vergilbten Zeitungen ausgelegt waren. Tom und Max hielten nun einen größeren Abstand zu dem Mann und verschwanden ab und zu in Häusereingängen und Garageneinfahrten, um nicht doch noch entdeckt zu werden. Die Straße verbreiterte sich mehr und mehr und die Häuser rückten immer weiter weg von den Gleisen, während die Böschung etwas flacher wurde (____________). Ein paar kleine Bretterhäuschen und Verschläge quetschten sich jetzt zwischen Straße und Gleisen – eine alte Gartensiedlung mitten in diesem unwirtlichen Gelände, nun verfallen und unbenutzt. Das Unkraut stand hier genau so hoch wie in den unbebauten Teilen der breiten Böschung und wucherte wild und unbekämpft vor den hölzernen Häuschen. Die Zäune, die die Buden voneinander abtrennten (________________), waren durch Wind und Wetter oder löchrig geworden und umgeknickt. Vielleicht waren auch herumstreunende Jugendliche dafür verantwortlich. Tom und Max beobachteten (______________), wie der Mann über eine niedrige Stelle einer Umzäunung sprang und auf eine halbwegs gut erhaltene Hütte zuging. Anscheinend hatte er ein Schloss an der Tür angebracht, denn er hantierte vor dem Eingang herum, öffnete umständlich die Tür und verschwand schließlich im Inneren der Bretterbude (________________).

„Und jetzt?“, fragte Max und schauderte.

„Jetzt schauen wir uns dieses Häuschen mal genauer an“, sagte Tom tapfer. „Sei kein Hasenfuß, Max!“

Sie sahen vorsichtig die Straße entlang (________________), dann hüpften auch sie behände über die Absperrung, rannten um das Haus und versteckten sich an dessen Längsseite, die zu den Gleisen gewandt war (__________________). Nun waren sie von der Straße aus nicht mehr zu sehen. Sie lehnten sich an die Wand des Häuschens und sahen sich atemlos an.

„Was treibt er nur da drinnen?“, flüsterte Tom.
Max zuckte mit den Schultern.
„Sollen wir nicht doch die Polizei holen?“, fragte er ängstlich.
Tom legte den Finger an den Mund und sie horchten in die Stille. Ein Zug näherte sich wie ein ferner Donnerschlag, dann rumpelte er laut und Staub aufwirbelnd an ihnen vorbei. Sie hielten sich die Ohren zu und warteten, bis der lange Riese an ihnen vorbei war. Tom sah an der Wand des Holzhauses hinauf zu einem kleinen Fenster.
„Räuberleiter!“, kommandierte er und wartete ungeduldig, bis sich Max in Position stellte und ihm seine Hände als Trittbrett anbot. Dann hielt er sich an den Schultern seines Bruders fest, stellte sich auf dessen verschränkte Hände und stützte sich an die Wand und den Fensterrahmen über ihm. Vorsichtig wischte er mit einer Hand über die dreckige, kleine Scheibe und spähte hinein.
„Und?“, ächzte Max unter ihm. Er schwankte ein wenig unter dem Gewicht.

ÜBUNG 57 !

Übung 57: Finde im folgenden Buchstabengewimmel 17 Konjunktionen!

Karnevalalstypischerwalfischoderjedermanndakrawallweillilalau
neseitdemottozanderdamitliebeberdassichkleinundraufeinindem
probaobkannwillmussobwohlampenschirmaberandlandochleiden
adeldennochandseitreibsandmannsobaldiederdaswährend

Tom machte nur ein unverständliches Geräusch und starrte angespannt in das Innere der Hütte. Plötzlich hüpfte er so schnell von Max’ Händen, dass dieser sein Gleichgewicht nicht mehr halten konnte und umfiel.
„Schnell, verschwinden wir, ich glaube, er hat uns gesehen!“ Tom rannte davon und war schon um die Ecke, während sich Max müh-

sam hoch rappelte, über den nächsten kleinen Erdhaufen stolperte und wieder zu Boden ging.
„Was treibst du hier?“, fragte eine drohende Stimme hinter ihm und ehe er es sich versah, hatte ihn eine kräftige Hand am Kragen gepackt und auf die Füße gestellt.
„Was hast du hier verloren?“, wiederholte der Mann und sah Max finster an.
„N … nichts“, stammelte Max ängstlich.
„Was hast du gesehen?“ Der Mann schüttelte Max an den Schultern.
„Nichts“, antwortete Max wahrheitsgemäß.
Der Mann zögerte. Dann schüttelte er den Kopf.
„Verdammter Mist!“, fluchte er und packte Max am Arm. „Was soll ich jetzt mit dir machen?“
Er zog Max hinter sich her zum Eingang der Hütte. An der Tür blieb er plötzlich stehen und durchbohrte Max mit seinen dunklen Augen.
„Wie bist du denn an das Fenster gekommen? Bist du allein?“
„Sicher!“, sagte Max schnell. „Ich bin ein guter Kletterer.“ Er deutete auf die Regenrinne an der Ecke. Sie war verrostet und sicherlich einen guten Meter vom Fenster entfernt, aber der Mann schien mit dieser Erklärung zufrieden zu sein.

Übung 58: Entscheide, ob es sich im folgenden Abschnitt um verbundene oder unverbundene Satzreihen oder um Satzgefüge handelt!

„Gut“, brummelte er, stieß die Tür auf und bugsierte Max ins Innere des kleinen Hauses.
„Setzt dich da hin!“ Mürrisch deutete er auf einen Stuhl.
Max setzte sich und sah sich um. Ihm blieb der Mund offen stehen vor Staunen. Die ganze Hütte war voll mit seltsamen Dingen: <u>Exo-</u>

tische Felle von Leoparden, Löwen und Tigern lagen etwa mannshoch aufgehäuft in einer Ecke, aus einer Kiste quollen Ledergürtel (______________________________) und auf einem Tisch in der Mitte des Raumes lag achtlos hingestreut ein Haufen Schmuck.

„Krokodilledergürtel und Elfenbein“, sagte der Mann selbstzufrieden, der den Blicken von Max gefolgt war. „Und hier mein ganzer Stolz“, er zeigte auf zwei Terrarien, die auf dem Boden standen. „Ein China-Alligator und eine Puerto-Rico-Schlankboa. Das sind überaus seltene und damit kostbare Tiere! Was meinst du, was so mancher Tierfreund dafür hinblättern würde?“

Max schaute zu den lieblos ausgestatten Holzkisten und glaubte, seinen Augen nicht zu trauen. Tatsächlich ringelte sich eine Schlange auf dem Boden des einen Terrariums, während in dem anderen ein Krokodil vor sich hindöste (______________________________).

„Aber …“ Max schluckte. „Haben Sie die etwa nach Deutschland geschmuggelt?“
„Ruhe!“, schnauzte ihn der Mann an. „Jetzt stelle ich die Fragen. Wie bist du hierher gekommen?“
Max wurde rot. Jetzt musste er aufpassen, was er sagte, das war ihm klar.
„Ich … ich habe … ich war nur …“
„Ja, was denn nun?“, unterbrach ihn der Mann und baute sich drohend vor Max auf.
„Ich habe hier gespielt, zwischen den Hütten. Und da habe ich Sie in dieses Haus hineingehen sehen. Ja …“ Max schaute unschuldig zu dem Mann hoch.
„Und da hast du mir nachspioniert, was?“, fragte der Mann mit finsterem Blick.
„Genau“, bestätigte Max. „Kann ich jetzt wieder gehen?“
Der Mann lachte trocken.
„Guter Witz“, sagte er. „Was wirst du machen, wenn ich dich jetzt einfach abhauen lasse (________________________________)?“
„Nichts“, rief Max schnell. „Ich werde einfach nach Hause gehen.“
„Sicher!“, höhnte der Mann. Er ging durch den Raum und murmelte vor sich hin. Er schien nachzudenken.
„Ich werde Sie nicht verraten!“, sagte Max leise.
„Die Sprüche kenne ich!“ Der Mann schüttelte den Kopf. „Nein, nein, mein Freund, du hast zu viel gesehen. Mein Versteck war gut, aber nicht gut genug. Es war klar, dass über kurz oder lang so eine Rotznase wie du mir in die Quere kommen musste (________ ________________________) .“
Max war den Tränen nahe. Er wollte hier raus und zwar schnell! Warum hatte er sich nicht durchgesetzt und die Polizei eingeschaltet? Nun saß er gründlich in der Patsche! Tom war jetzt seine einzige Hoffnung.

Hoffentlich holt er Hilfe, dachte er. Und zwar schnell!
„Du hast Glück“, unterbrach der Mann seine Gedanken. „Mir fehlt nur noch eine Kleinigkeit, die allerdings sehr wertvoll ist. Du brauchst nur ein, zwei Tage hier zu bleiben, dann bin ich sowieso verschwunden (______________________________). Bis dahin stehst du gemeinsam mit denen da“, er machte eine Handbewegung zu den Terrarien, „unter meinem persönlichen Schutz.“
Max wurde blass.
„Sie wollen mich hier einsperren?“, fragte er leise.
„Was soll ich deiner Ansicht nach sonst mit dir machen?“, fragte der Mann und trat zu ihm. „Deine Neugier hat dich in eine dumme Situation gebracht, mein Freund.“ Er zog ein Seil aus einer der Kisten und begann, Max’ Arme an den Stuhl zu fesseln.
„In meiner langen Karriere als Krimineller“, sagte er und klang vergnügt, „ist es immer wieder vorgekommen, dass meine Pläne durchkreuzt wurden.“ Er zog die Schnur so fest an, dass Max kurz aufstöhnte (______________________________). „Aber man muss einfach ruhig bleiben, einen kühlen Kopf bewahren und nach Lösungen suchen, verstehst du?“ Er sah Max tief in die Augen. „Es wäre besser für dich, wenn du keine Probleme machen würdest.“ Seine Stimme war leise und eindringlich geworden. „Sonst sehe ich mich gezwungen, andere Seiten aufzuziehen.“

Der Mann lüftete seine Jacke und Max sah mit Entsetzen den Griff einer Pistole aus der Hose des Mannes hervorstehen.
„Ich lasse mir doch nicht von einem Knilch wie dir die Tour vermasseln!“
Er überprüfte die Fesseln und stopfte Max ein Taschentuch in den Mund. Sofort war Max’ Mund wie ausgedörrt und er bekam furchtbare Atemnot. Verzweifelt versuchte er, das Knäuel wieder auszuspucken. Panisch atmete er durch die Nase.

Jetzt nur nicht den Kopf verlieren, dachte Max und versuchte, sich ein wenig zu beruhigen.

Übung 59: ***das*** *oder* ***dass****! Setze ein und bestimme die Wortart!*

„Weißt du eigentlich, was _____ (________________) alles wert ist?“ Der Mann machte eine ausladende Handbewegung. „Na gut“, er lachte böse. „Eigentlich ist der Handel mit diesen Dingen und Tieren verboten, aber genau _____ (________________) macht sie ja so wertvoll …“ Er rieb sich die Hände. „Doch genug geplaudert. Ich warte nur noch auf einen kleinen Frosch, dann bist du mich los. Über kurz oder lang wird dich sicher jemand finden. Irgend so ein Naseweiß wie du wird schon eines Tages wieder hier herumspionieren. Was meinst du?“ Der Mann richtete sich auf und schaute befriedigt auf den verknoteten Max.

„Tut mir leid, deine Beine muss ich auch noch festbinden …“ Er sah sich suchend um. Nach einem prüfenden Blick auf Max ging er schnell aus dem Haus, kam nach wenigen Minuten mit einer weiteren dicken Schnur unter dem Arm zurück und begann, Max an den Stuhlbeinen festzubinden. Er war beinahe fertig, als ein unglaublicher Lärm losging. Der Mann fuhr erschreckt auf und lauschte auf _____ (________________) Geräusch, _____ (________________) von draußen kam.

„Meine Alarmanlage …“, er fluchte gewaltig.

In großen Sätzen sprang er aus dem Haus.

Bitte lass _____ (________________) nicht Tom gewesen sein, dachte Max. Tom! Du sollst die Polizei holen, anstatt dich in Gefahr zu bringen!

Plötzlich weiteten sich seine Augen vor Entsetzen. Nein, _____ (________________) konnte doch nicht wahr sein! Vor seinen Augen öffnete Tom gehetzt die Tür, legte unnötigerweise einen

Finger vor den Mund und war in Windeseile hinter dem Berg mit Fellen verschwunden. Auf Max' Stirn bildeten sich Schweißperlen. Was machte sein Bruder, dieser Dummkopf, da? Versteckte der sich mitten in der Höhle des Löwen! Doch er hatte keine Zeit mehr, länger über diese Eselei nachzudenken, denn nur wenige Sekunden nach Tom betrat auch wieder der Mann im Trainingsanzug den Raum.

„Diese kleinen, frechen Gören!" _____ (________________) Gesicht des Mannes war wutverzerrt. „Haben mit Steinen auf mein Auto geworfen! Jetzt ist ein Seitenfenster kaputt. Davor haben sie mir schon einen Reifen aufgeschlitzt! Eine üble Gegend …"

Er verstummte und sah Max an. Seine ganze Miene war von solchem Zorn beherrscht, _____ (________________) Max unwillkürlich versuchte, ein wenig Abstand zu dem Mann zu gewinnen. Doch er konnte nur kraftlos auf dem Stuhl hin und her zappeln und sich die Arme an den Seilen reiben.

„Sind _____ (________________) etwa deine Kumpels?", fragte der Mann drohend. Max schüttelte verzweifelt den Kopf.

„Vielleicht sollte ich mein Problem mit dir doch sofort lösen. Irgendwie wird mir gerade alles ein wenig zu brenzlig …" Er zog langsam, sehr langsam seine Pistole aus der Hose. Sein Gesicht nahm einen beinahe amüsierten Ausdruck an.

Das ist das Ende, dachte Max. Das ist mit Sicherheit das Ende.

Der Mann schien sich so schnell zu beruhigen, wie er sich aufgeregt hatte. Er lächelte sogar und steckte seine Waffe seelenruhig wieder ein.

„Jetzt mach dir mal nicht in die Hosen, Freundchen." Dann brauste er wieder auf: „Aber der Nächste, der sich an meinem Auto zu schaffen macht, bekommt es mit mir zu tun. Richte das deinen Freunden aus. Dann mache ich sie fertig!"

Max nickte eifrig, während der Mann in seiner Jackentasche nach etwas zu suchen schien. Schließlich zog er ein vibrierendes Handy aus der Tasche.

Übung 60: Ergänze in den folgenden Sätzen die fehlenden Subjunktionen!

1. Max tat einfach so, ___ ___ihn das alles nichts anginge.
2. ______ die Zwillinge diese gefährliche Situation gemeistert haben, werden sie erst einmal die Finger von Kriminalfällen lassen.
3. Max kam in Gefangenschaft, ______ er zu neugierig war.
4. Ich kann immer noch nicht glauben, _____ das wahr ist.
5. _______ es stark regnete, ist er in der Wohnung geblieben.
6. Sie stand noch auf dem Bürgersteig, ___ der Unfall passierte.
7. Ich tue dies, _____ ich ein absolut reines Gewissen habe.
8. Ich kann mich nicht entscheiden, ___ ich das Buch lesen soll oder nicht.
9. Lucie lief den ganzen Weg, ___ sie nicht mehr konnte.

„Ja?“, fragte er brüsk. „Verstehe. Du hast den Frosch. Das ging ja schnell. Dein Glück!“ Der Mann stieß ein trockenes Lachen aus. „Dann treffen wir uns in der altbekannten Kneipe am Hauptbahnhof. Nein, bitte kein aufwändiges Terrarium. Steck ihn doch wieder in die kleine Kiste, mit der du ihn auch eingeflogen hast. Nein, ich kann nicht mit dem Auto fahren, da hat mir irgendjemand die Scheibe eingeschmissen und den Reifen zerstochen. Ja.“ Er steckte das Handy wieder in die Tasche.
„Tut mir Leid, kleiner Freund, ich muss dich nun leider alleine lassen. Ich hole nur kurz was ab. Du kannst dich solange mit deinen Mitbewohnern unterhalten.“ Er sah mit einem liebevollen Blick zu

den Terrarien hinüber. Das Krokodil öffnete in diesem Moment langsam sein Maul und ließ mehrere Reihen kleiner, spitzer Zähne sehen. Ein paar Sekunden später hörte man nur noch das Gerüttel des Schlosses vor der Tür, dann war Stille.

ÜBUNG 61 !

Übung 61: Finde und unterstreiche die präpositionalen Objekte im folgenden Abschnitt!

„Mhmm, Mhmm“, machte Max.

„Komme schon“, flüsterte Tom, kam aus seinem Versteck hervor und zog zuallererst das Taschentuch aus Max’ Mund.

„Bist du von allen guten Geistern verlassen?“, schrie Max, nachdem er kurz tief durchgeatmet hatte.

„Nun reg dich doch nicht auf, ist doch alles gut gegangen“, sagte Tom beruhigend.

„Gut gegangen?“ Max schäumte vor Wut. „Das nennst du gut gegangen? Ist die Polizei wenigstens auf dem Weg?“
Tom schüttelte den Kopf.

„Du bist der Telefonverwalter“, sagte er und zog aus Max’ Jacke das kleine Handy hervor. „Und ich wollte dich nicht so lange alleine lassen mit diesem Verrückten. Ich dachte, das kannst du verstehen. Ich habe alles mit angehört, habe gesehen, wie der Mann zum Auto gegangen ist, um das Seil zu holen. Und dann habe ich mir den genialen Plan mit der Alarmanlage ausgedacht. Während er zu seiner Karre gelaufen ist, konnte ich mich doch wunderbar hier einschmuggeln.“
„Ja, ganz wunderbar“, keuchte Max. „Und jetzt? Wir sind eingesperrt und durch diese kleinen Fenster passen wir nicht durch. Die Gegend ist wie ausgestorben. Uns wird keiner hören, wenn wir um Hilfe rufen. Hast du daran auch schon gedacht?“
„Natürlich“, sagte Tom seelenruhig, als würde er jeden Tag mit seinem Bruder, einer Schlange und einem Krokodil in einer Hütte eingesperrt werden. „Aber ich habe auch an unser Handy gedacht. Wir brauchen doch gar nichts weiter zu tun, als die Polizei und Lucie zu verständigen. Irgendjemand muss uns doch hier rausholen, oder?“
Er drückte lange auf eine Taste des Handys. Dann wechselte sein Gesicht die Farbe von einem braun-rot zu einem käsig-weiß. Er sah Max an und lächelte gequält.
„Du hast doch nicht etwa vergessen, das Handy aufzuladen? Mensch Max, der Akku ist leer!“

Lucie war inzwischen Carlos durch den Park gefolgt. Sie wunderte sich, welche Richtung er einschlug. Sie wusste, dass Carlos in der Nähe der Bibliothek wohnte, doch er ging zielstrebig an dem kleinen Platz vorbei und bog in die Straße ein, die direkt zu Lucies Haus führte.

Aber das gibt es doch gar nicht, dachte sie. Carlos will zu uns nach Hause!

Sie rannte hinter ihm her und sah, wie er die Stufen zu ihrer Haustür nahm, vor den Klingeln stehen blieb und suchend mit dem Finger über die Namensschilder glitt. Lucie hatte kaum Zeit, ihre Überraschung in den Griff zu bekommen.

Übung 62: Bestimme die unterstrichenen Satzglieder!

Wenn er jetzt bei den Jansens klingelt und nach uns fragt, fliegt unsere Lüge mit der Übernachtung auf, dachte sie ängstlich (______________________________). So schnell sie konnte, rannte sie über die Straße (________________________) zu Carlos hinüber.

„Hallo!“, rief sie atemlos. „Carlos, was willst du denn hier?“

Er drehte sich zu ihr um und sah sie (____________________) von oben bis unten an. Ihre Haare (________________________) waren verstrubbelt, die Knie dreckig, ihre Arme zerkratzt und das Gesicht rot vor Aufregung.

„Genau mit dir wollte ich reden“, sagte er. „Ich muss dich etwas Wichtiges fragen.“

Lucie nickte verständnisvoll (______________________).

„Können wir das Gespräch ein paar Meter weiter die Straße hinauf (________________________) fortführen?“, fragte sie und zog (________________________) den überraschten Carlos aus dem Blickfeld ihres Hauses.

„Ich weiß gar nicht, wie ich anfangen soll …“, sagte er, als sie schließlich vor ihm stehen blieb und ihm erwartungsvoll in die Augen blickte. Auch Lucie war von der Wendung der Dinge überrascht, doch sie ahnte, dass nun das Geheimnis des Frosches gelüftet werden würde.

„Sollen wir uns nicht setzen?“, fragte Carlos schüchtern und sie ließen sich auf den Stufen des Nachbarhauses nieder.

„Also“, begann er zögernd. „Ich glaube, ich habe eine riesige Dummheit gemacht.“

„Das kann man wohl sagen!“, sprudelte es aus Lucie hervor. Sie konnte sich nicht mehr zurückhalten. „Wie kommst du darauf, mir einen Frosch ins Gepäck zu schmuggeln, besser gesagt, schmuggeln zu lassen?“

„Du weißt es also?“, fragte er.

„Ich weiß, dass du dir durch mich einen artengeschützten Frosch hast anliefern lassen, ja. Aber warum?“

Carlos seufzte.

„Weißt du, mein Laden läuft in den letzten Jahren nicht mehr so gut. Und ich habe Schulden. Da hat mir dieser Kerl, dieser Lutz Schuster, das Angebot gemacht, dass ich durch meine Kontakte, die ich auf der ganzen Welt habe, und durch das Reisebüro meines Bruders ein kleines Nebengeschäft aufbauen könnte. So habe ich also angefangen, mir durch meine Freunde hier und da wertvolle Dinge und Tiere anliefern zu lassen. Aus jedem Land eine Kostbarkeit, verstehst du?“

„Ja“, sagte Lucie. „Und aus Panama einen Panama-Stummelfußfrosch.“

Übung 63: Unterstreiche in den folgenden Sätzen die Appositionen! Setze auch die Kommas!

1. Carlos der gutmütige Zooladen-Besitzer geriet in die Fänge von Lutz Schuster.
2. Der Kriminelle Lutz Schuster drohte ihm.

3. Es ging dabei um den Panama-Stummelfußfrosch ein seltenes Tier.
4. Ohne ihr Wissen nutzte er Lucie seine Freundin zum Schmuggeln des Tieres.
5. Lucie die Ahnungslose transportierte den Frosch nach Deutschland.

„Richtig“, bestätigte Carlos. „Diese Tiere gibt es nicht zu kaufen. Sie sind wahnsinnig selten und unterliegen einem Einfuhrverbot. Wenn du aber in den Besitz eines solchen Tieres kommst, kannst du es hier teuer verkaufen. Es gibt Menschen, die für so ein Tier ein Vermögen zahlen!“
„Aber das ist ein Verbrechen!“, rief Lucie aus. „Und das weißt du!“
Carlos nickte betrübt.

ÜBUNG 64 !

Übung 64: Finde und unterstreiche alle erweiterten Infinitive im folgenden Abschnitt!

„Ja, ich weiß. Und ich sage ja, es war ein Fehler. Nicht nur wegen der armen Tiere. Es war auch ein Fehler, Geschäfte mit Kriminellen zu machen.“ Er schluckte.
Lucie musste sich zurückhalten, ihm nicht tröstend den Arm um die Schulter zu legen.
„Unsere Abmachung lief lange Zeit gut und er hat mich gut bezahlt für meine Schmuggelei“, fuhr Carlos fort. „Doch dann ist die Sache mit dem Frosch passiert. Ihr habt ihn mir in dieser Kiste gebracht. Sie hatte einen doppelten Boden und der Frosch war sicher und gut geschützt. Doch als ich ihn in sein Terrarium setzen wollte, ist er mir ausgebüchst. Da habe ich ihn ohne nachzudenken mit meinen nackten Fingern berührt und sein Gift ist mir in die Augen gekommen. So ist er mir entwischt.“

„Deshalb hattest du auch das Geschäft geschlossen“, riet Lucie. „Um nach dem Tier zu suchen.“

Carlos nickte.

„Dann kamst du und hast mich so seltsame Sachen über Pfeilgiftfrösche gefragt. Da dachte ich, dass du vielleicht den Frosch gefunden hast. Ich habe aus der Kundendatei deine Adresse rausgesucht und bin abends zu euch gegangen. Ich hatte beschlossen, dich auszufragen und vielleicht herauszubekommen, wo du den Frosch versteckt hast. Aber niemand war da. Gerade wollte ich gehen, da sah ich, dass die Balkontür offen stand …“

„Und da bist du dann bei uns eingebrochen“, vollendete Lucie seinen Satz. „Aber den Frosch hast du nicht gefunden.“

„Deswegen bin ich hier.“ Carlos sah Lucie nun direkt in die Augen. Er wirkte plötzlich sehr traurig und niedergeschlagen, vor allem aber merkte Lucie, dass er Angst hatte.

„Mein Partner, das ist ein ganz harter Kerl. Er denkt, dass ich den Frosch nicht rausrücke, um ihn selbst teuer zu verkaufen. Er hat mir und meiner Familie gedroht, uns fertig zu machen, und ich habe die böse Vermutung, dass er es ernst meint.“

Lucie stellten sich ein wenig die Haare an den Armen auf. Sie hatte das Gefühl, als würde ein kalter Hauch über ihre Haut streifen.

„Wo ist der Frosch, Lucie?“, fragte Carlos nun gequält. „Ich brauche ihn, bitte, dringend.“

Lucie schlug die Augen nieder und schwieg. Nach einer Weile richtete sie sich auf und lächelte.

„Ich weiß, wo der Frosch ist, Carlos. Und wir werden ihn holen und dir aus der Klemme helfen. Aber wir werden jetzt auch die Polizei einschalten, das musst du verstehen.“

Carlos zuckte die Schultern. „Hauptsache, meiner Familie passiert nichts“, sagte er leise.

Übung 65: Entscheide bei den unterstrichenen Wortgruppen, ob es sich um eigenständige Satzglieder oder Attribute handelt!

Satzglieder ______________________________

____

____

Attribute ______________________________

____

____

„Ich glaube, er kommt!", flüsterte Tom leise und sie horchten beide angespannt hinaus in die Dunkelheit, die sich wie eine Decke über die kleine Hütte gesenkt hatte. Das Geräusch von Füßen auf trockenem Gras war zu hören, ein Zweiglein knackte, und schon war das Klicken des Vorhängeschlosses zu hören. Die Tür wurde aufgestoßen und eine Hand tastete nach dem Lichtschalter. Doch das Licht funktionierte nicht mehr.

„Was soll das denn schon wieder", brummelte der Mann und wollte in den Raum hineingehen, doch stolperte er über den Besenstil, den Tom blitzschnell und im richtigen Augenblick zwischen die Beine des Mannes geschoben hatte.

Der Mann brüllte überrascht auf, fiel zu Boden und schlug sich den Kopf an dem Stuhl, den Tom und Max neben der Tür platziert hatten.

„Jetzt!", schrie Tom und mehrere Felle fielen auf den Liegenden, der wütend um sich schlug.

Übung 66: Zusammen oder getrennt? Unterstreiche die richtige Schreibweise!

Max und Tom hatten diesen Überraschungseffekt mit eingerechnet. So schnell sie konnten, waren sie an der Tür, hatten sie hinter sich zugeschlagen/zu geschlagen und fanden sogar noch die Zeit, das Vorhängeschloss zu schnappen/zuschnappen zulassen/zu lassen. „Nichts wie weg“, keuchte Max und sie sprangen über den kleinen Zaun. Hinter ihnen hallte ein Schuss durch die Stille des Abends. Die beiden blieben wie erstarrt stehen. Offensichtlich versuchte der Verrückte, das Schloss auf zu schießen/aufzuschießen! Max und Tom sahen sich entsetzt an und liefen dann, so schnell sie konnten, die Straße hinunter. Niemand war zusehen/zu sehen.

Die Häuser lagen tot und verlassen und beide überlegten fieberhaft, wo sie sich nun verstecken sollten. Wenn der Mann frei kam und ihnen folgte! Wahrscheinlich hatte er sie innerhalb kürzester Zeit eingeholt und würde sie erschießen! Die Straße wirkte auf einmal lang und finster wie ein Tunnel ohne Ausweg. Schon wollten sie in einem Hauseingang verschwinden und Sturm klingeln, da sahen sie, wie ein Mädchen eilig aus einem Wagen stieg und sie zu sich heranwinkte. Kaum hatten die Jungen sie erkannt, wurde sie schon wieder in das Innere des Autos gezerrt.
„Lucie?“, riefen Max und Tom, die Tür des Wagens wurde wieder aufgerissen, ein Polizist ließ die beiden eiligst einsteigen, dann wurde die Tür wieder geschlossen.

Übung 67: Unterstreiche im folgenden Absatz alle drei Relativsätze!

Doch sie hatten keine Zeit, sich auszutauschen, denn in diesem Moment sahen sie, wie der Mann ein paar Meter weiter auf die

Straße sprang und wütend um sich blickte. In der Hand hielt er die Pistole und die Jungen ahnten, dass sie gerade großes Glück hatten, sicher im Polizeiwagen zu sitzen und nicht vor diesem Kerl wegrennen zu müssen. Carlos, der auf dem Beifahrersitz saß, drehte sich zu Tom und Max und lächelte sie kurz an, doch den Jungen blieb nur der Mund vor Staunen offen stehen.
„Legen Sie die Waffe nieder!“, hörten sie plötzlich eine Stimme.
Erst jetzt bemerkten Tom und Max, dass direkt vor dem Schuppen auf der anderen Straßenseite ein Auto parkte und dass hinter diesem Auto vier Beamte hockten, die ebenfalls ihre Pistolen gezogen hatten.
„Sie haben keine Chance! Legen Sie die Waffe nieder und heben Sie langsam die Hände über den Kopf!“
Der Mann in der blauen Trainingsjacke sah sich um. Erst langsam schien er zu begreifen, was da vor sich ging. Die Polizei hatte sein Versteck umzingelt und war im Begriff, ihn festzunehmen! Er schien kurz zu zögern, dann bückte er sich, legte wie in Zeitlupe die Pistole auf den Asphalt und erhob sich wieder.
Nun ging alles blitzschnell. Die Polizisten stürmten hinter dem Wagen hervor, griffen sich den Mann, der wie betäubt zu sein schien, und führten ihn zum Wagen. Als die Handschellen in der Dunkelheit aufblitzten, ließ der Polizist Lucie, Tom, Max und Carlos aus dem Wagen aussteigen.

ÜBUNG 68 !

Übung 68: Finde das schwarze Schaf und begründe?

1. Carlos und Lucie, Tom und Max, Sie, auf den Asphalt
2. aufblitzen, griffen, blitzschnell, ging
3. in der Dunkelheit, sein Versteck, in der Hand, auf dem Beifahrersitz
4. bemerkten, die Tür des Wagens, die Waffe, vier Beamte

Übung 69: Setze im folgenden Abschnitt die fehlenden Satzzeichen in die Lücken!

„Wahnsinn__“, flüsterte Tom.
„Lucie, wie bist du denn mit der Polizei hierher gekommen__“, fragte Max.
Lucie wollte schon erzählen, doch plötzlich warf sie sich erst Tom und dann Max an den Hals. „Wie gut, dass euch nichts passiert ist!“
Tom und Max spürten Lucies tränennassen Wangen an ihren Hälsen und wurden so verlegen, dass sie froh waren, in der Dunkelheit die aufsteigende Röte in ihren Gesichtern verbergen zu können__
Endlich ließ Lucie ihre Freunde los und wischte sich über ihr Gesicht. Dann sah sie zu dem Polizeiwagen hinüber, vor dem sich nun die Beamten versammelt hatten und sich um den Festgenommenen kümmerten.
„Carlos ist bei mir vorbeigekommen und hat alles gestanden“, sagte sie. „Dann sind wir zu Jonas und haben ihn überredet, uns den Frosch zu geben__“
„Und das hat er ohne Widerstand getan__“, fragte Max verwundert.
„Ach, so ein schlechter Kerl scheint er dann auch wieder nicht zu sein. Und dann haben wir die Polizei gerufen“, meinte Lucie und lächelte.
„Das war gut“, seufzte Tom.
„Die Sache wurde doch ein wenig brenzlig“, meinte Lucie. „Nachdem Carlos mir erzählt hat, wie gefährlich dieser schreckliche Mann ist und ich euch über Handy nicht erreichen konnte, da habe ich mir gedacht__ Lucie, sei vernünftig__ Nur einmal in deinem Leben.“

Übung 70: Die drei unterstrichenen Sätze im folgenden Abschnitt beginnen alle mit ***als****, doch sie haben nicht alle die gleiche Funktion. Bestimme sie!*

Tom und Max lachten.
„Als ihr bei der Übergabe des Frosches nicht aufgetaucht seid, hat die Polizei beschlossen, dem Kerl zu folgen, in der Hoffnung, dass er uns zu seinem Versteck und zu euch führen würde."
„Und das hat funktioniert", sagte ein Beamter, der nun zu ihnen getreten war. Er sah besorgt aus. „Seid ihr verletzt?"
Tom und Max schüttelten die Köpfe.
„Wie seid ihr denn aus der Hütte gekommen?", fragte ein anderer Beamter neugierig.
„Ach", sagte Tom. „Das war ganz einfach. Wir haben die Lampe ausgedreht und haben dann dem Guten einen würdigen Empfang bereitet – mit einem Besenstil und ein paar Fellen."
Die Beamten sahen sich entsetzt an.
„Mit einem Besenstil und ein paar Fellen?", wiederholte der eine ungläubig. Der andere fing an zu lachen, als hätte er noch nie in seinem Leben einen so guten Witz gehört.
„Ist euch eigentlich klar, wen ihr da zum Stolpern gebracht habt?", fragte der Polizist, als er sich wieder beruhigt hatte.

Die Jungen zuckten mit den Schultern.
„Das ist Lutz Schuster. Gesucht wegen Raubüberfall und räuberischer Erpressung. Jetzt hat er auch noch Schmuggel auf seiner Liste." Er schüttelte den Kopf. „Einem ganz gefährlichen Kerl seid ihr da auf die Schliche gekommen!"
„So kann es gehen", meinte Tom ungerührt, verbarg aber gleichzeitig seine zitternden Hände hinter dem Rücken.
„Ach du meine Güte", rief Max und schlug sich die Hand vor den

Mund. „Wenn dieser Schuster den Frosch bei sich hatte, dann hüpft das Tier vielleicht jetzt frei in dieser Hütte da herum …“
Der Polizist lächelte besänftigend.
„Alles in Ordnung“, beruhigte er Max. „Wir sind gerade dabei, uns in der Hütte gründlich umzusehen. Die Tiere sind alle in Sicherheit.“ Dann machte er eine einladende Bewegung. „Und nun möchte ich um die Ehre bitten, euch alle nach Hause fahren zu dürfen. Für heute habt ihr großen Detektive endlich Feierabend, würde ich sagen.“

Übung 71: Versuche die folgenden Sätze zu verbinden, indem du die jeweils passende der folgenden nebenordnenden Konjunktionen einsetzt. Achte dabei auf die Kommasetzung. Beachte auch, dass in manchen Sätzen leichte Umstellungen nötig sind! ***(doch, denn, denn, vielmehr, und, daher)***

1. Die Freunde blickten sich staunend an. Keiner von ihnen hatte von der Gefährlichkeit des Gangsters gewusst.

____

____

2. Erfolg fällt nicht vom Himmel. Er muss durch Fleiß erarbeitet werden.

____

____

____

3. Lucies Ideen waren wirklich gut. Lutz Schuster konnte gefasst werden.

____

____

4. Das Unwetter ist vorüber. Die Wolken verziehen sich.

____

____

5. Ich könnte ihn verraten. Ich will es nicht tun. Sein Bruder ist mein bester Freund.

____

____

ÜBUNG 72 !

Übung 72: Unterstreiche im folgenden Abschnitt die finiten Verbformen!

Tom, Max und Lucie lächelten hoheitsvoll, dann setzten sie sich in das Auto. Lucie winkte noch kurz Carlos zu, der mit den Beamten sprach. Dann fuhren sie an dem Schuppen vorbei. Tom und Max blickten im Vorbeifahren für einen kurzen Moment in die Augen des Mannes in der blauen Trainingsjacke. Er sah verwirrt und böse aus, als er die Zwillinge an sich vorbeirauschen sah.
„Was wird eigentlich aus Carlos?", fragte Lucie nachdenklich den Polizisten.

„Ganz ungeschoren wird der nicht davonkommen." Er sah durch den Rückspiegel in die erschöpften Gesichter von Lucie, Max und Tom.

Übung 73: Entscheide, ob groß- oder kleingeschrieben wird!

„Aber da er geständig ist und der Polizei geholfen hat, wird die Strafe nicht zu schwer ausfallen. Ich glaube nicht, dass er ins Gefängnis gehen wird."
Die drei/Drei antworteten nicht. Jeder hing seinen Gedanken nach, doch kurz vor ihrem zuhause/Zuhause fragten sich Lucie, Tom und Max beklommen, was ihre Eltern wohl zu ihren Heldentaten sagen würden. Mit Sicherheit waren sie nicht begeistert davon, dass sie sich in letzter Zeit mit einem Giftigen/giftigen Frosch und einem kriminellen/Kriminellen mit Pistole beschäftigt hatten.
Die Sommerferien neigten sich dem Ende zu. Über Langeweile hatten sich die drei Helden in der letzten Zeit nicht beklagen können, sogar das Regionalfernsehen war bei ihnen gewesen und hatte ein Interview/interview mit ihnen haben wollen. In der Presse waren mehrere Artikel über Sie/sie erschienen, die allerdings nicht immer nur Positives/positives über die Blauen Agenten zu berichten wussten.

In einer Zeitung hatte gestanden, dass sich die drei unbedacht in gefährliche Situationen gebracht hätten. In einem anderen Artikel hieß es, dass das Glück bekanntlich mit den Dummen sei, und sie wohl nur deshalb heil aus der Hütte am Bahndamm herauskommen konnten. Meist jedoch waren sie von der Presse gefeiert worden. Allerdings hatten sie davon nicht viel. Ihre Eltern waren über ihren Alleingang mit dem gefährlichen Kriminellen so wütend gewesen, dass keiner von ihnen wagte, ihren Stolz über den ersten gelösten

Fall öffentlich zu zeigen. So übten sie sich in Demut und Zurückhaltung, um den Zorn ihrer Eltern nicht weiter zu entfachen. Lucie meinte, dass dies eine gute Übung für die Reifung ihres Charakters darstellen würde, während die Zwillinge ihre Heldentaten eigentlich gebührender hatten feiern wollen, anstatt ihre Zeit mit Stubenarrest und Computerverbot zu verbringen. Doch irgendwann hatte sich die Aufregung gelegt und so saßen sie wieder froh und vereint auf dem Aussichtsturm des Spielplatzes und genossen die letzten freien Tage bis zum Schulanfang.

ÜBUNG 74 !

Übung 74: Formuliere die folgenden direkten Fragen in Interrogativsätze um!

1. Sage mir: „Wer war das?“

____

2. Lucie weiß nicht: „Welche der Zeitungen hat die Blauen Agenten gelobt?“

____

____

____

3. Tom kann sich nicht erinnern: „Wann hat die ganze Sache angefangen?“

____

____

____

4. Max ist froh zu wissen: „Wie hört sie auf?“

____

____

„Musst du heute Abend nicht deine blöde Ballade vortragen?“, fragte Max und lachte. Vor Freude schlug er sich auf die Schenkel.
„Oh ja, ich freue mich schon auf deinen Auftritt!“, neckte Tom Lucie, doch diese ließ sich überhaupt nicht aus der Ruge bringen, kletterte auf das Dach des Aussichtsturmes und ließ die Beine baumeln.

„Schaut mal, wer da kommt!“ Lucie nickte mit dem Kopf in Richtung des Weges.
„He, Jonas!“, rief Max. „Wieder einmal auf der Suche nach ein paar ausgefallenen exotischen Tieren in unserem heimischen Stadtpark?“
Jonas sah kurz zu ihnen hinauf.
„Ach, die drei Angeber vom Spielplatz!“, sagte er verärgert. „Echt super von euch, mir meinen Frosch wegzunehmen, den ich auf ehrliche Art und Weise gefunden habe.“
„Und auf unehrliche Art und Weise behalten hast“, fügte Lucie hinzu und lachte versöhnlich.

! ÜBUNG 75

Übung 75: Im folgenden Absatz fehlen zwölf Kommas. Bitte setze sie!

„Komm schon Jonas. Der arme Frosch ist wieder auf dem Weg nach Panama und du solltest dich damit abfinden. Ich meine er hat einfach nicht hierher gehört!“
Jonas grunzte nur verächtlich während Lucie von ihrem Aussichtsturm kletterte und zu ihm hinüber ging.
„Hör zu!“ Sie baute sich vor Jonas auf. „Ich muss mich bei dir entschuldigen. Ich weiß jetzt wie schrecklich es ist wenn jemand deine Sachen durchwühlt dem man es nicht erlaubt hat. Das war nicht richtig von mir und nicht fair.“
Jonas sah misstrauisch in Lucies Gesicht als könnte er ihren freundlichen Worten nicht trauen.
„Und sicher war es nicht einfach für dich den Frosch abzugeben den du gefunden hast.“
„Meine Eltern hätten mich beinahe ermordet als sie hörten dass das Tier giftig ist“ klagte Jonas. „Dabei hatte ich gerade das Terrarium fertig eingerichtet!“

Übung 76: Bestimme die unterstrichenen Sätze im folgenden Abschnitt!

Relativsatz ______________________________________

Temporalsatz ______________________________________

Hauptsatz ______________________________________

„Ich habe mir etwas überlegt", lächelte Lucie. Sie griff in ihre Tasche. „In dieser Dose", sagte sie und reichte sie Jonas, „befindet sich das Wertvollste, <u>das ich gerade besitze</u> (1). Ein Haifischzahn aus Panama. Den möchte ich dir schenken und dich damit in aller Form um Verzeihung bitten."

Jonas öffnete vorsichtig den Deckel und sah hinein.

„Gibt es in Panama Haie?", fragte er und betrachtete den Zahn neugierig. „Sieht beinahe aus wie der Zahn eines Welpen …"

Im Hintergrund hörte man Tom lachen.

„Vielleicht ist er wirklich nicht so doof!"

„Wenn du ihn nicht haben willst …" Lucie war sichtlich beleidigt.

„Nein, nein", meinte Jonas und lächelte. „Ich finde, das ist das – äh, seltsamste – Geschenk, <u>das ich seit langem bekommen habe</u>." (2)

Lucie strahlte.

„He, he", sagte Tom eifersüchtig und stellte sich zu ihnen. „<u>Gleich fallt ihr euch noch um den Hals und schwört euch ewige Treue</u> (3), oder was?"

„Das sicher nicht!" Jonas hob abwehrend die Hände. „Aber ein Eis könnten wir schon zusammen essen gehen, oder?"

Tom und Max verständigten sich mit Blicken.

„In Ordnung", meinte Tom gönnerhaft.

Sie machten sich gemeinsam auf den Weg. Lucie ließ sich einige Meter zurückfallen, während Max und Tom dem begeisterten Jonas von der Schlange und dem Krokodil erzählten (4), mit denen sie in der Hütte Bekanntschaft geschlossen hatten. Sie blieb kurz stehen, hielt ihr Gesicht in die Sonne und schloss die Augen. Eine warme Welle des Glücks überflutete sie.
Was braucht man mehr im Leben als gute Freunde, Sommer und Ferien, dachte sie zufrieden.
Dann rannte sie hinter der kleinen Gruppe her, die sich schon ein gutes Stück weit entfernt hatte (5).
„Was ich euch noch erzählen wollte", rief sie. „Ich habe ja etwas sehr Seltsames beobachtet, gestern Abend …"

ENDE

Abschlusstest

Übung 1: Bestimme alle Wortarten in den folgenden Sätzen!

1. Lucie hat den Fall mit der Hilfe der Zwillinge gelöst.

Lucie ____________________

hat ____________________

den ____________________

Fall ____________________

mit ____________________

der ____________________

Hilfe ____________________

der ____________________

Zwillinge ____________________

gelöst ____________________

2. Dass es dem Stummelfußfrosch immer noch gut geht, war allerdings reines Glück.

Dass ____________________

es ____________________

dem ____________________

Stummelfußfrosch ____________________

immer ____________________

noch ____________________

gut ____________________

geht ______________________________

war ______________________________

allerdings ______________________________

reines ______________________________

Glück ______________________________

3. Nun gehen die Blauen Agenten und ihr neuer Freund Jonas gemeinsam durch die Stadt.

Nun ______________________________

gehen ______________________________

die ______________________________

Blauen ______________________________

Agenten ______________________________

Blauen Agenten ______________________________

und ______________________________

ihr ______________________________

neuer ______________________________

Freund ______________________________

Jonas ______________________________

gemeinsam ______________________________

durch ______________________________

die ______________________________

Stadt ______________________________

Übung 2: Ersetze die fehlenden Formen!

1. ______________	______________	bin gegangen
2. wollen	______________	______________
3. ______________	siegte	______________
4. überzeugen	______________	______________
5. ______________	______________	habe gedurft
6. wissen	______________	______________

Übung 3: Finde die Adverbien in den folgenden Sätzen und ordne sie in die richtige Spalte ein!

Lucie mag Speiseeis, deshalb kauft sie sich gelegentlich eines. Der Besitzer der Eisdiele ist freundlich, deswegen geht sie gern dorthin. Vielleicht würde Lucie für ein Eis gar einen Kriminalfall vergessen. Fisch dagegen isst sie ungern.

Temporaladverb ______________________________

Lokaladverb ______________________________

Modaladverb ______________________________

Kausaladverb ______________________________

Übung 4: Finde und bestimme alle Attribute in den folgenden Sätzen!

1. Lutz Schuster ist ein gefährlicher Krimineller.

____

____

2. Carlos, ein harmloser Tierhändler, geriet in seine Fänge.

---

3. Ein seltener Frosch aus Panama war deren Objekt der Begierde.

---

4. Das Geheimnis des kleinen Stummelfußfrosches wurde aber letztlich gelüftet.

Übung 5: Setze alle Kommas, die in dem folgenden Text fehlen!

Am Montag waren Lucie Max und Tom voller Tatendrang. Die letzten beiden Tage waren sie sehr müde gewesen doch heute fühlten sie sich wieder ausgeruht und frisch. Ein wenig Leid tat ihnen der Jonas der Pfützenwicht allerdings schon. Immerhin war er der in den Ferien meist allein durch die Straßen lief in den Mittelpunkt ihrer Nachforschungen gelangt und konnte sich gegen die drei Freunde eigentlich gar nicht richtig wehren.
Dass das etwas ungerecht ist mussten sich die Blauen Agenten eingestehen. Der netteste Junge war Jonas zwar nicht aber wenn sie an seine Lage dachten fühlten sie sich nicht gerade heldenhaft. Er hatte einen kleinen bunten Frosch gefunden und Lucie Tom und Max hatten ihn dabei beobachtet. Sie schnüffelten ihm nur nach weil er ein einziges Mal etwas Glück gehabt hatte. Das musste Jonas der in der Schule nicht sonderlich beliebt war sicher sehr belasten.

Übung 6: Bestimme die Objekte und deren Kasus!

1. Die Polizei ist den Blauen Agenten zu Dank verpflichtet.

____

2. Ohne deren Hilfe hätte man Lutz Schuster nicht gefasst.

____

3. Ihre Eltern waren allerdings nicht begeistert von der Aktion der Agenten.

____

4. Sie erinnern sich des Frosches aus Panama noch häufig.

____

Übung 7: Setze die Kommas und unterstreiche und bestimme die Nebensätze!

1. Wenn man eine Freundin wie Lucie hat wird es einem sicher nicht langweilig.

____

2. Tom wusste nicht wann die Polizei Lutz Schuster fassen würde.

____

3. Tom der ein guter Detektiv ist befreite seinen Bruder weil er sich dazu verpflichtet fühlte.

____

4. Carlos wusste lange nicht wo der Stummelfußfrosch versteckt worden ist.

____

5. Die Polizei kam spät aber sie kam zur rechten Zeit.

____

*Übung 8: **das** oder **dass**? Setze ein und bestimme auch die jeweilige Wortart!*

Wir besuchten da__ (________________) Zoogeschäft, da__ (________________) Carlos gehört). Er wunderte sich sich sehr darüber, da__ (____________________) wir gekommen sind. Die Sorge, da__ (____________________) seiner Familie etwas passieren könnte, bedrückte ihn sehr. Da__ (________________) wir da__ (____________________) gemerkt haben, da__ (____________________) könnt ihr euch sicher vorstellen, oder?

Übung 9: Verneine folgende Sätze!

1. Carlos hat den Einbruch begangen.

____

2. Lucie wollte einen Hasen kaufen.

____

3. Jonas hatte einen Frosch.

____

4. Carlos hatte etwas gewusst.

____

5. Sie hatten einen Plan.

____

6. Tom ist ein Genie.

____

Lösungen

Übung 1: Positiv: lausig, ungnädig, gereizt, klein, mächtig, stolz, langweilig; Komparativ: lausiger, ungnädiger, gereizter, kleiner, mächtiger, stolzer, langweiliger; Superlativ: am lausigsten, am ungnädigsten, am gereiztesten, am kleinsten, am mächtigsten, am stolzesten, am langweiligsten
Übung 2: Akkusativ, Dativ, Nominativ, Akkusativ, Nominativ, Nominativ, Akkusativ, Akkusativ
Übung 3: gedauert, gehabt, gespielt, betreten (x), gehört, gerufen (x), genannt (x), gelaufen (x), gekommen (x)
Übung 4: gebrannt (Partizip Perfekt), gesehen (Partizip Perfekt), geworden (Partizip Perfekt), atemberaubend (Partizip Präsens), geschnitten (Partizip Perfekt), genäht (Partizip Perfekt), geblutet (Partizip Perfekt), aufgetürmt (Partizip Perfekt), umgelaufen (Partizip Perfekt), lächelnd (Partizip Präsens), 2 x gelegt (Partizip Perfekt)
Übung 5: Tom fragte Lucie, wie denn nun der Urlaub gewesen sei. Lucie antwortete, dass der Urlaub ganz nett gewesen sei. Ihr Vater habe leider nicht viel Zeit gehabt. Er sei dauernd auf diesem Kongress gewesen. Sie verständen schon: arbeiten, arbeiten, arbeiten. Max meinte verträumt, dass er glaube, dass er noch nie so weit weg wie Lucie gewesen sei und dass sich Panama nach großer, weiter Welt anhöre. Lucie sagte, dass Panama nun wirklich nicht so groß sei.
Übung 6: an, in, hin, her, nach, ins, von
Übung 7: Nominativ: die Ahnung, die Handbewegung, der Koffer, der Junge, die Tüte, der Hut, der Inhalt, der Haufen, der Zahn, der Handteller, der Strand; Genitiv: der Ahnung, der Handbewegung, des Koffers, des Jungen, der Tüte, des Hutes, des Inhalts, des Haufens, des Zahns, des Handtellers, des Strandes
Übung 8: ihre, ihren, mein, ihrem, seinem, seinem, seinem, ihren, ihren, ihren, ihrer
Übung 9: Präsens, Präteritum, Perfekt, Perfekt, Präsens, Präteritum
Übung 10: Mitbringsel, Kästchen, Ehrlichkeit, seufzten, dass Lucie ein Mädchen war, Rätseln, auf der ganzen Welt, schließlich, stand auf, Auspacken
Übung 11: sofort, gar, mehr, hinaus, gar, nicht, erst, gar, endlich, gar, nicht
Übung 12: 1. Sie werden um die Ecke auf den kleinen Platz biegen, an dem die Geschäfte des Stadtviertels liegen. 2. Die Läden werden verschlafen in der Sonne liegen. 3. Die Herren werden froh sein, wieder die Dame ihres Herzens in ihren Reihen begrüßen zu dürfen. 4. Carlos wird kurz seinem Bruder zuwinken. 5. Wir werden alles im Griff haben. 6. Die Fische werden sich eben immer so freuen, wenn sie mit der Futterdose an die Scheibe klopfen werden.

Übung 13: das Kästchen, mich, mich, die Schatulle, den Arm, eine kleine Verbeugung, etwas, ihn, böse Blicke, die Hände, ihre Seite

Übung 14: geschüttelt werden, verbessert werden, gesagt werden, geöffnet werden, gesucht werden, gehängt werden, geschnitten werden, gehört werden, gedreht werden

Übung 15: dass, das, das, dass, das, dass, das, das, das, das

Übung 16: einen, die, eine, ein, der, ein, ein, ein, den, der, die, den, das, die, ein, das, den, Ein, dem, die eine

Übung 17: Lucie, Tom und Max verstecken mit Begeisterung wertvolle und besondere Gegenstände in ihrer Umgebung. Dazu muss die Gegend gründlich ausgekundschaftet, ein Versteck gesucht und gefunden und dann eine Schatzkarte angelegt werden. Die Zeichnung wird an den Ecken verkohlt und vor eine Flamme gehalten, bis das Papier aussieht wie altes Pergament. Schätze verbuddeln, finden die drei, macht einfach höllischen Spaß. Sie streifen durch den Park, streichen durch das Unterholz und untersuchen Bäume nach geeigneten Löchern und Ritzen. Doch für ihren Haifischzahn ist Lucie keine Erdhöhle, kein Vogelnest und kein knorriges Wurzelwerk gut genug. Schließlich sitzen sie erschöpft auf dem kleinen Turm des Spielplatzes und machen eine Pause.

Übung 18: <u>dem</u> Holzstäben (den Holzstäben), neben <u>sie</u> (neben ihr), auf <u>einem</u> Jungen (auf einen Jungen), <u>ihres Versteckes</u> (an ihrem Versteck), <u>an</u> Arm (am Arm), <u>dem</u> Rücken zu (den Rücken zu), von <u>einem</u> Linde (von einer Linde), ein <u>weggeworfenes</u> Zigarettenschachtel (eine weggeworfene Zigarettenschachtel), <u>seinem</u> Kopf (seinen Kopf), <u>die</u> Ausguck (den Ausguck)

Übung 19: James Bond (Singularform), Marmelade (kein Getränk), der Mut (ein Substantiv, das nur in der Singularform vorkommt), die Schuhe (Plural), der Löwe (kein Haustier)

Übung 20: und (nebenordnend), aber (nebenordnend), als (unterordnend), dass (unterordnend), indem (unterordnend)

Übung 21: Jonas; Die Sonne; das Wetter; Lucie, Tom und Max; sie; sie; sie; Spielfreude

Übung 22: Ich, Hunger, Tom, Ja, Und, Max, Ich, Problem, Lucie, Das, Plan, Es, Toms, Plan, Max, Ja, Tom, Auf, So, Idee, Beim, Frühstück, Zeit, Ich, Genie, Genie, Freunde, Max

Übung 23: „Im Grunde ist es aber doch eigentlich Lucies Idee gewesen, diesem Jonas aufzulauern", stellte Tom keuchend fest... „Richtig, Bruder!" Max ließ ihn los. „Also: auf sie mit Gebrüll!" ... „Ich weiß nicht", flüsterte Lucie. „Ist das nicht eigentlich Hausfriedensbruch, was wir da vorhaben, oder so was in der Art? „Ach Quatsch." Tom schüttelte beruhigend den Kopf. „Es muss schließlich noch jemand im Haus sein. Sonst klappt es doch sowieso nicht.

Und wenn noch jemand im Haus ist, dann ist es auch kein Einbruch. Glaube ich jedenfalls." ... „Super!", murmelte Lucie. „Haut schon ab!"

Übung 24: Lucie (Akkusativobjekt), der (Subjekt), etwas Mut (Akkusativobjekt), die Sache (Akkusativobjekt), Frau Bolko (Subjekt), den Ruf eines Eigenbrötlers und Strebers (Akkusativobjekt), wir (Subjekt), eine Verabredung (Akkusativobjekt), dir (Dativobjekt), Sie (Subjekt)

Übung 25: Wahnsinnig wichtige Sachen scheinen von ihm erforscht zu werden. Der Inhalt der Schublade wurde von ihr vorsichtig untersucht. Dann wurde der Schrank von ihr geöffnet. Vielleicht war sein Geheimnis auch irgendwo anders von ihm versteckt worden. Wenn nötig, sollte er noch ein kleines Wasserbecken aufstellen!

Übung 26: kein Tier (ein Tier); sosehr (so sehr); Jonas Stimme (Jonas' Stimme); verdamter (verdammter); mußte (musste); fürs erste (fürs Erste); „Ja Besuch!" (Ja, Besuch!"); mürisch (mürrisch)

Übung 27: sie (Personalpronomen), deiner (Possessivpronomen), meiner (Possessivpronomen), ihm (Personalpronomen), es (Personalpronomen), wir (Personalpronomen), sich (Reflexivpronomen), sich (Reflexivpronomen)

Übung 28: schön, klein, lang, gelb, schwarz, kräftig, bunt, leise, rechtzeitig, abgetrennt

Übung 29: Lucie <u>lächelte</u> stolz, <u>erinnerte</u> sich aber mit einer leichten Gänsehaut an ihr Versteck hinter dem Wäschekorb. Wie ein kleines Kind <u>hatte</u> sie die Augen zugekniffen, als würde Jonas sie nicht sehen, wenn sie selber nichts <u>sah</u>. Entsetzliche Angst <u>hatte</u> sie gehabt. Aber das <u>musste</u> sie den beiden nun nicht unbedingt beichten, oder? Immerhin <u>hatte</u> sie sich ehrenhaft aus der Zwickmühle befreit.

Übung 30: sind ... gefolgt, Kannst ... vorstellen, verzog, tippte, haben ... versteckt, gesehen zu werden, wollten .... herausfinden, liest, dachten, könnte ... geben, fragte, hat ... ausgeliehen, konnten ... ansehen, sagte, mitgenommen hat, hat ... liegen lassen, setzte ... fort

Übung 31: Konditional, Kausalsatz, Modalsatz

Übung 32: allerdings, frei, nahe, kleine, vergnügt, nachdenklich, ausgerechnet, kleiner, wohl

Übung 33: der Fisch, die Fische; der Vogel, die Vögel; der Frosch, die Frösche; der Große, die Großen; die Angelegenheit, die Angelegenheiten; der Erwachsene, die Erwachsenen; der Tag, die Tage; die Meisterleistung, die Meisterleistungen

Übung 34: kleinen (Adjektivattribut), weisen (Adjektivattribut), dunkle (Adjektivattribut), ihres Besuches (Genitivattribut)

Übung 35: „Laubfrösche vielleicht", sagte sie schließlich zögernd. „Oder Knallfrösche." Sie schluckte. Gab es die überhaupt? „Na ja, oder Pfeilgiftfrösche." Jetzt war es heraus. Sie blickte auf zu Carlos, der Lucie lange schweigend ins Gesicht sah, doch sein Gesichtsausdruck war hinter der großen Brille, die sein halbes Gesicht bedeckte, nicht zu lesen. Je länger das Schweigen zwischen ihnen dauerte, desto ungemütlicher wurde es Lucie. „Pfeilgiftfrösche", sagte Carlos schließlich langsam. „Das sind interessante Tiere, nicht wahr?" „Ja, aber so was verkaufst du nicht, oder?" Lucie sah sich um. „Nein", sagte Carlos. „Solche Tiere verkaufe ich nicht. Kriechtiere, Reptilien, Lurche, Frösche, Kröten, weißt du, die sind teilweise recht kompliziert in der Haltung. Aber wie kommst du denn ausgerechnet auf einen Pfeilgiftfrosch?" „Keine Ahnung. Habe was drüber gelesen, glaube ich." „Was gelesen, hm." „Vielleicht war es auch nur so eine kindische Idee von mir", sagte Lucie, als sich wieder das ungemütliche Schweigen zwischen ihnen ausbreitete. „Ich sollte vielleicht noch einmal darüber nachdenken." „Das solltest du", sagte Carlos. „Und du weißt doch hoffentlich, dass diese Tiere sehr gefährlich sein können?" „Gefährlich?", fragte Lucie erstaunt. „Sicher. Sagt doch schon der Name. Das sind keine Tiere, die du zum Kuscheln in die Hand nehmen kannst, oder so. Die sind nur zum Anschauen! Sicher nicht das Richtige für ein Mädchen deines Alters. Was willst du denn mit so einem giftigen Frosch? Du solltest dir lieber einen Hasen anschaffen, den kannst du in der Gegend herumschleppen." „Aber ich habe doch Fische! Mit denen kuschele ich doch auch nicht." Lucie schaute Carlos empört an. Dachte er, sie wäre ein kleines Baby?

Übung 36: Wenn sie bei uns in den Terrarien leben, sind diese Pfeilgiftfrösche doch gar nicht mehr giftig. Wie sich eine Gestalt von der Seite näherte und neben ihr stehen blieb, bemerkte Lucie gar nicht. Dass du in meinem Zimmer warst, weiß ich. Dass Lucie auch andere Zimmer des Hauses Bolko untersucht hatte, damit rechnete er wohl nicht.

Übung 37: des Falles, des Erwachsenen, des Eises, der Ruhe, des Eigentümers, des Freibades, des Essens

Übung 38: Sie hatten ihre Strohhüte spazieren getragen und sich über die erstaunten und belustigten Gesichter gefreut, für die sie mit ihrem seltsamen Aufzug gesorgt hatten. Abends hatten sie dann gemeinsam mit ihren Eltern beim Italiener unter einer großen Linde gesessen und gegessen, hatten gesprochen und gelacht, bis die Nacht hereingebrochen war. Herr Blau hatte von seinem Kongress erzählt. Frau Blau hatte mit unverhohlenem Grauen die vielen Tiere beschrieben, die sie in Panama gesehen hatten, und hatte damit vor allem Spott und Belustigung geerntet. Als sie sich endlich nach Hause begeben hatten, waren alle sehr vergnügt und bester Laune gewesen.

Übung 39: Tritt ein!, Geh(e) hoch!, Sieh dich um!, Eil(e) herab!, Warte!

Übung 40: herausgerissen, genauso, aufmerksamer, dass, das, wissen, fahrlässig, müssen, schließen, verlassen, saß

Übung 41: 1. Wie brutal die Welt geworden ist, wissen Sie. 2. Selbst wenn ich es wollte, könnte ich meine Augen nicht überall haben, denn ich bin nur die Hausmeisterin. 3. Der Dieb war, so nach etwa einer Viertelstunde, als die Polizei schließlich da war, schon lange auf und davon.

Übung 42: Ihre, Sie, ihnen, sie, sie, sie, Sie, Ihnen, dich, dich, dich, du, dein, dich, dich, sie, ihren

Übung 43: 1. Lucie war von Herrn Blau nach dem Weggehen der Hausmeisterin getadelt worden. 2. Die Balkontür war von Lucie nicht verschlossen worden. 3. Der Gartenstuhl ist von dem Einbrecher zum Einstieg in die Wohnung genutzt worden. 4. Das Sparschwein wurde von Lucie geschüttelt.

Übung 44: die Wäsche, die Leine, die Wäscheleine; das Bett, der Himmel, das Himmelbett; der Staub, der Sauger, der Staubsauger; der Tag, der Dieb, der Tagedieb; die Fantasie, die Reise, die Fantasiereise

Übung 45: dasselbe, weißen, eingebrochen, Einzige, tausend, Recht, recht, andererseits

Übung 46: gestern, immer, jetzt, nie, dann, heute, damals, später, einst, endlich, morgen

Übung 47: das Terrarium (Sache; Neutrum), das Frauchen (Frau; Neutrum), das Gift (Sache; Neutrum), der Kerl (Mann; Maskulinum), das Mädchen (Frau; Neutrum), das Auge (Sache; Neutrum), der Junge (Mann; Maskulinum), der Stadtpark (Sache; Maskulinum)

Übung 48: Konditionalsatz, Interrogativsatz, Temporalsatz, Temporalsatz, Interrogativsatz, Konditionalsatz

Übung 49: wortlos, gut genug, sinnlos, zielstrebig, ungeduldig, eilig, vorsichtig

Übung 50: „Meine Güte, sind das viele Arten!“; „Ja!“; „Das ist er!“; „Aua!“; „Der gelb-schwarze Kerl hier!“; „Ich verstehe gar nichts mehr!“; „Den gibt es doch wirklich nur in Panama!“

Übung 51: Akkusativobjekt, Akkusativobjekt, Lokaladverbiale, Subjekt, Subjekt, Prädikat, Akkusativobjekt, Modaladverbiale, Dativobjekt

Übung 52: den, unseren, ersten, den, In, der, euren, meinen, der, den, den, einem

Übung 53: vor die Tür seines Geschäftes; auf seine Uhr; zur Straße in Richtung Park; auf dem Platz; zwischen den dichten, dunkelgrünen Büschen am Wegesrand; auf seine Füße; Am Spielplatz

Übung 54: lag, streckte, wartete, sah, wirkte, lasst, flüsterte, hatten, bot, achteten, werden, fuhren, bellten, zwitscherten, wandte, sprang, atmete, betrachtete

Übung 55: Adjektivattribut, Adjektivattribut, präpositionales Attribut, Adjektivattribut, Genitivattribut, Adjektivattribut, präpositionales Attribut, Adjektivattribut

Übung 56: Nebensatz, Nebensatz, Hauptsatz, Nebensatz, Nebensatz, Hauptsatz, Hauptsatz, Hauptsatz, Nebensatz

Übung 57: als, oder, da, weil, seitdem, damit, dass, und, indem, ob, obwohl, aber, doch, dennoch, seit, sobald, während

Übung 58: unverbundene Satzreihe, Satzgefüge, Satzgefüge, Satzgefüge, verbundene Satzreihe, Satzgefüge

Übung 59: das (Demonstrativpronomen), das (Demonstrativpronomen), das (bestimmter Artikel), das (Relativpronomen), das (Demonstrativpronomen), das (Demonstrativpronomen), das (bestimmter Artikel), dass (Konjunktion), das (Demonstrativpronomen)

Übung 60: 1. als ob, 2. wenn, 3. weil/da, 4. dass, 5. Weil/Da, 6. als, 7. weil/da, 8. ob, 9. bis

Übung 61: aus seinem Versteck, aus Max' Mund, von allen guten Geistern, vor Wut, auf dem Weg

Übung 62: Modaladverbiale, Lokaladverbiale, Akkusativobjekt, Subjekt, Modaladverbiale, Lokaladverbiale, Prädikat

Übung 63: 1. Carlos, der gutmütige Zooladen-Besitzer, geriet in die Fänge von Lutz Schuster. 2. Der Kriminelle, Lutz Schuster, drohte ihm. 3. Es ging dabei um den Panama-Stummelfußfrosch, ein seltenes Tier. 4. Ohne ihr Wissen nutzte er Lucie, seine Freundin, zum Schmuggeln des Tieres. 5. Lucie, die Ahnungslose, transportierte den Frosch nach Deutschland.

Übung 64: Geschäfte mit Kriminellen zu machen; ihm nicht tröstend den Arm um die Schulter zu legen; um nach dem Tier zu suchen; dich auszufragen und vielleicht herauszubekommen; um ihn selbst teuer zu verkaufen; uns fertig zu machen

Übung 65: Satzglieder: das Klicken des Vorhängeschlosses, im richtigen Augenblick, auf den Liegenden; Attribute: von Füßen, des Mannes, mehrere

Übung 66: zugeschlagen, zuschnappen, zu lassen, aufzuschießen, zu sehen

Übung 67: der auf dem Beifahrersitz saß; die ebenfalls ihre Pistolen gezogen hatten; der wie betäubt zu sein schien

Übung 68: auf den Asphalt (einzige Lokaladverbiale); blitzschnell (einzige Modaladverbiale); sein Versteck (einziges Subjekt oder Objekt); bemerkten (einziges Prädikat)

Übung 69: „Wahnsinn!" ... „Lucie, wie bist du denn mit der Polizei hierher gekommen?" ... Tom und Max spürten Lucies feuchte Wangen an ihren Hälsen und wurden so verlegen, dass sie froh waren, in der Dunkelheit die aufsteigende Röte in ihren Gesichtern verbergen zu können. ... „Dann sind wir zu Jonas und haben ihn überredet, uns den Frosch zu geben." ... „Und das hat er ohne Widerstand getan?" ... „Nachdem Carlos mir erzählt hat, wie gefährlich dieser Mann ist und ich euch über Handy nicht erreichen konnte, da habe ich mir gedacht: Lucie, sei vernünftig!

Übung 70: Temporalsatz, Modalsatz, Temporalsatz

Übung 71: 1. Die Freunde blickten sich an, denn keiner von ihnen hatte von der Gefährlichkeit des Gangsters gewusst. 2. Erfolg fällt nicht vom Himmel, vielmehr muss er durch Fleiß erarbeitet werden. 3. Lucies Ideen waren wirklich gut, daher konnte Lutz Schuster gefasst werden. 4. Das Unwetter ist vorüber und die Wolken verziehen sich. 5. Ich könnte ihn verraten, doch ich will es nicht tun, denn sein Bruder ist mein bester Freund.

Übung 72: lächelten, setzten, winkte, sprach, fuhren, blickten, sah, sah, wird, fragte, wird, sah

Übung 73: drei, Zuhause, giftigen, Kriminellen, Interview, sie, Positives

Übung 74: 1. Sage mir, wer das war. 2. Lucie weiß nicht, welche der Zeitungen die Blauen Agenten gelobt hat. 3. Tom kann sich nicht erinnern, wann die ganze Sache angefangen hat. 4. Max ist froh zu wissen, wie sie aufhört.

Übung 75: „Komm schon, Jonas. ... Ich meine, er hat einfach nicht hierher gehört!" Jonas grunzte nur verächtlich, während Lucie von ihrem Aussichtsturm kletterte und zu ihm hinüber ging. ... „Ich weiß jetzt, wie schrecklich es ist, wenn jemand deine Sachen durchwühlt, dem man es nicht erlaubt hat." ... Jonas sah misstrauisch in Lucies Gesicht, als könnte er ihren freundlichen Worten nicht trauen. „Und sicher war es nicht einfach für dich, den Frosch abzugeben, den du gefunden hast." „Meine Eltern hätten mich beinahe ermordet, als sie hörten, dass das Tier giftig ist", klagte Jonas.

Übung 76: Relativsatz: 1, 2, 5; Temporalsatz: 4; Hauptsatz: 3

Lösungen Abschlusstest

Übung 1: 1. Lucie (Substantiv) hat (Hilfsverb) den (bestimmter Artikel) Fall (Substantiv) mit (Präposition) der (bestimmter Artikel) Hilfe (Substantiv) der (bestimmter Artikel) Zwillinge (Substantiv) gelöst (Verb; Partizip Perfekt).
2. Dass (unterordnende Konjunktion) es (Personalpronomen) dem (bestimmter Artikel) Stummelfußfrosch (Substantiv) immer (Temporaladverb) noch (Temporaladverb) gut (Adjektiv) geht (Verb) war (Hilfsverb) allerdings (Adverb) reines (Adjektiv) Glück (Substantiv).
3. Nun (Temporaladverb) gehen (Verb) die (bestimmter Artikel) Blauen Agenten (Eigenname bzw. Adjektiv und Substantiv) und (nebenordnende Konjunktion) ihr (Possessivpronomen) neuer (Adjektiv) Freund (Substantiv) Jonas (Substantiv) gemeinsam (Adjektiv) durch (Präposition des Ortes) die (bestimmter Artikel) Stadt (Substantiv).

Übung 2: gehen, ging, bin gegangen; wollen, wollte, habe gewollt; siegen, siegte, habe gesiegt; überzeugen, überzeugte, habe überzeugt; dürfen, durfte, habe gedurft; wissen, wusste habe, gewusst

Übung 3: Temporaladverb: gelegentlich; Lokaladverb: dorthin; Modaladverb: gern, vielleicht, dagegen, ungern; Kausaladverb: deshalb, deswegen

Übung 4: gefährlicher (Adjektivattribut); ein harmloser Tierhändler (Apposition); harmloser (Adjektivattribut); seltener (Adjektivattribut); aus Panama (präpositionales Attribut); der Begierde (Genitivattribut); des kleinen Stummelfußfrosches (Genitivattribut); kleinen (Adjektivattribut)

Übung 5: Am Montag waren Lucie, Max und Tom voller Tatendrang. Die letzten beiden Tage waren sie sehr müde gewesen, doch heute fühlten sie sich wieder ausgeruht und frisch. Ein wenig Leid tat ihnen der Jonas, der Pfützenwicht, allerdings schon. Immerhin war er, der in den Ferien meist allein durch die Straßen lief, in den Mittelpunkt ihrer Nachforschungen gelangt und konnte sich gegen die drei Freunde eigentlich gar nicht richtig wehren. Dass das etwas ungerecht ist, mussten sich die Blauen Agenten eingestehen. Der netteste Junge war Jonas zwar nicht, aber wenn sie an seine Lage dachten, fühlten sie sich nicht gerade heldenhaft. Er hatte einen kleinen bunten Frosch gefunden und Lucie, Tom und Max hatten ihn dabei beobachtet. Sie schnüffelten ihm nur nach, weil er ein einziges Mal etwas Glück gehabt hatte. Das musste Jonas, der in der Schule nicht sonderlich beliebt war, sicher sehr belasten.

Übung 6: den Blauen Agenten (Dativobjekt); Ohne deren Hilfe (Präpositionales Objekt im Akkusativ); Lutz Schuster (Akkusativobjekt); von der Aktion der Agenten (Präpositionales Objekt im Dativ); des Frosches aus Panama (Genitivobjekt)

Übung 7: 1. Wenn man eine Freundin wie Lucie hat, wird es einem sicher nicht langweilig. (Modalsatz) 2. Tom wusste nicht, wann die Polizei Lutz Schuster fassen würde. (Temporalsatz) 3. Tom, der ein guter Detektiv ist, befreite seinen Bruder, weil er sich dazu verpflichtet fühlte. (Attributsatz, Kausalsatz) 4. Carlos wusste lange nicht, wo der Stummelfußfrosch versteckt worden ist. (Lokalsatz) 5. Die Polizei kam spät, aber sie kam zur rechten Zeit. (zwei Hauptsätze)

Übung 8: das (Artikel), das (Relativpronomen), dass (unterordnende Konjunktion), dass (unterordnende Konjunktion), dass (unterordnende Konjunktion), das (Demonstrativpronomen), das (Demonstrativpronomen)

Übung 9: 1. Carlos hat den Einbruch nicht begangen. 2. Lucie wollte keinen Hasen kaufen. 3. Jonas hatte keinen Frosch. 4. Carlos hatte nichts gewusst. 5. Sie hatten keinen Plan. 6. Tom ist kein Genie.